W0064495

Inhalt

100 Jahre

Peter Menasse, Wolfgang Wagner

Dajgezzen* zum Burgenland

Menasse: Soll ich dir einen Burgenländerwitz erzählen?

Wagner: *Spinnst du? So willst du ein Buch über hundert Jahre Burgenland einleiten?*

Keine Sorge, erstens erinnere ich mich an keinen dieser Witze und zweitens finde ich jüdische ohnehin viel lustiger. Also womit beginnen wir? Mit dem Geschriebenenstein?

Erstens heißt er Geschriebenstein und zweitens: Wie kommst du auf diese Idee?

Schau dir die Beiträge im Buch an. Da gibt es gleich mehrere, die irgendwie entschuldigend den höchsten Berg des Burgenlands erwähnen. Das scheint eine 884 Meter hohe Wunde im Selbstbewusstsein der Burgenländer zu sein.

Du als gebürtiger Wiener musst dich nicht lustig machen. Der Kahlenberg ist um 400 Meter niedriger, und man sieht von dort weit und breit keine pannonische Tiefebene.

---

* Dajgezzen: sich auf hohem Niveau Sorgen machen, ohne sie ganz ernst zu nehmen

Reden wir besser über das Ungarische des Burgenlands. Schließlich hat Peter Hammerschlag die Literatur zur Gänze im Magyarischen verortet: „Magyarisch war Literatur, von angefangen Psalter bis Cató, Plautusch, Terencúr und Vogelbácsi Walther", heißt es in der „Ungarischen Schöpfungsgeschichte".

Mit hat das Ungarische als blutjunger ZIB-Journalist den ersten Triumph über die arrivierten Kollegen gebracht. Da gab es den Feri Sauerzopf, der 1987 nur knapp bei der Wahl zum Landeshauptmann scheiterte. Und einige Wiener Kollegen dachten, er heiße Ferdinand. Da konnte ich auftrumpfen, weil ich wusste, dass er Franz heißt und sein Spitzname Feri vom ungarischen Ferenc stammt.

Das waren aber dann bedauernswerte Menschen. Denn wer sich beim Fußball auskennt, hätte Ferenc Puskás gekannt.

Ich war beim Kicken als Kind unter den wenigen, die keinen ungarischen Spitznamen hatten. Da gab es den Piszti, den Laci, den Mischko – Wolfgang ließ sich halt nicht magyarisieren.

Das ist schon einzigartig im Burgenland, dass es hier eine solche Vielfalt an Sprachen und Kulturen gibt. Wir zwei sind allerdings ziemlich hintennach, weil wir weder Kroatisch noch Ungarisch oder Romanes können.

Bei dir ist es auch besser so, weil du sonst noch mehr reden würdest als sonst schon.

Die Burgenländer reden deswegen immer ein bisschen länger als alle anderen, weil sie bei Zeitwörtern ein zusätzliches „n" einbauen: „rednen", „lesnen" und so weiter. Woher das wohl kommt?

Wir Burgenländer benutzen einfach alle Tricks, um die Wiener zu verwirren. Übrigens auch die Berliner – einer dachte, mein EU-Autokennzeichen komme aus Brüssel.

Jedenfalls ist uns ein tolles Buch zum Jubiläum des schönen Bundeslandes gelungen. Und gut war, dass wir so viele Freundinnen und Freunde eingeladen haben, ihre Sicht darzustellen. Weil wenn nur wir zwei geschrieben hätten, wäre nicht viel rausgekommen.

Also sagen wir Danke und wünschen allen, die das Buch jetzt in Händen halten, angenehmes Lesevergnügen.

Da bin ich ausnahmsweise einmal gleicher Meinung mit dir.

100Jahre

Barbara Karlich

Flieg, Flatterwesen, flieg!

„Zwei Dinge sollen Kinder von ihren Eltern bekommen: Wurzeln und Flügel." Das berühmte Zitat von Johann Wolfgang von Goethe passt wahrscheinlich auf (fast) jeden aus dem Burgenland stammenden Menschen. Vielleicht ist es die burgenländische Erde: der Solontschak, die Auböden oder die Tschernoseme. Was weiß ich, aber wir sind gerade mal so tief eingegraben, dass uns kein Sturm umhaut, und wenn wir tatsächlich mal abheben, dann ist da der Wind, der uns trägt. Im Burgenland geht immer ein Wind. Wir richten uns nach dem Wind. Entweder wir nutzen ihn für Strom oder Sport oder schlagen ihm ein Schnippchen und lassen ihn vor der Tür oder huschen in den Wald, wo er uns nichts anhaben kann, der Wind. Manchmal trägt er uns weiter, viele von uns ganz weit weg. Einer der ersten Burgenländer, der 1777 aus Neutal nach Amerika auswanderte, hieß Lorenz Schönbacher – der tapfere Mann kämpfte dann sogar im Amerikanischen Unabhängigkeitskrieg mit. Als Belohnung für seinen Einsatz bekam er Land in Chersterfield County geschenkt und gründete eine Familie. Zu seinen Nachkommen, den Shinpocks in Norristown, Pennsylvania, habe ich keinen Kontakt, aber zu einigen meiner Verwandten sehr wohl.

Viele meiner Ahnen sind nämlich in den 1920er und 1930er Jahren während der sogenannten Zwischenkriegswanderung, die von 1919 bis 1939 andauerte, ausgewandert – oder haben es versucht. Meine abenteuerlustigen Urgroßeltern väterlicherseits haben es schon etwas früher wissen wollen und sind ein paar Jahre zuvor über den großen Teich gereist, im Gepäck die unbändige Hoffnung auf ein besseres Leben. Schnell ist diese dahin gewesen, ist in den Straßen von New York verloren gegangen, vermutlich verschluckt von dunklen, dampfenden Hinterhöfen! Wäre mein Urgroßvater der englischen Sprache mächtig gewesen und hätte er nach einem Arbeitsunfall die Medikamente nicht verwechselt und in der Folge die Tinktur statt des Safts getrunken, woran er verstorben ist, wäre meine Urgroßmutter mit den Kindern in Amerika geblieben und vermutlich hätte ihre Tochter, meine wilde, starke Großmutter, einen lustigen Iren oder temperamentvollen Italiener geheiratet und ebenda mit ihrem Mann ein Imperium aufgebaut. Oder auch nicht. Urgroßmutter jedenfalls kam zurück, allein mit zwei Kleinkindern und arbeitete fortan als Hebamme im Dorf. Besonders verständnisvoll soll sie bei Niederkünften nicht gewesen sein. Teile meiner Familie sind jedenfalls in Amerika geblieben und leben ohne viel Drama in Chicago und Michigan glücklich dahin. Der Gegenbesuch steht bis heute aus.

Einzig der Bruder einer Tante, der jahrzehntelang glücklich in Amerika eine Autowerkstatt betrieb, kehrte im Ruhestand allein als Witwer in seine Heimat, das Mittelburgenland zurück. Ich erinnere mich an seinen lustigen Akzent, er vermischte Ungarisch mit Deutsch und Englisch, was zu herrlichen Missverständnissen führte, wenn er ehrwürdigen Damen des Ortes schmeicheln wollte und beispielsweise die Wörter „kurvig" und *kurva* (kroatisch/ungarisch für Prostituierte) verwechselte, da-

bei aber den schwärmerischen Galan mimte. Er hat nicht
viel aus Amerika mitgenommen, einzig eine kuriose Leidenschaft: Am liebsten setzte sich Vilmos in seinen teuren
Schlitten und fuhr stundenlang durchs Burgenland, rauf
bis Edelstal und runter bis Neuhaus am Klausental – sein
einziger Sport bestand im Betätigen des Gaspedals.

Ich habe viel von der Welt kennen gelernt, habe Länder
von oben gesehen, bin auf ihnen zu Fuß gewandert, durch
Ozeane geschwommen, durch die Wüste geritten und auf
Kamelen gesessen. Reisen oder Reisebücher lesen wurde
zur Obsession, egal, nur Neues lernen. Da war ich wohl
meiner Tante Johanna nicht ganz unähnlich: Sie hatte die
ganze Welt bereist! Jeden Kontinent, alle sieben Meere,
die höchsten Berge und tiefsten Täler! Sie lernte fremde
Kulturen kennen und liebte deren Sitten und Bräuche,
sang seltsam anmutende Lieder in den befremdlichsten
Sprachen. Für Tante Johanna habe ich Zeit meines Lebens geschwärmt, was hatte die mondäne Dorfschönheit
nicht alles gesehen und erlebt, ich beneidete sie unendlich, meine Fantasie schlug Purzelbäume, ich stellte sie
mir vor, wie sie bei den Beduinen auf dem Teppichbo-
den Datteln aß, mit den Inuit in Eispalästen Robbenblut
trank (das war die einzige Vorstellung, vor der mir ekel-
te), sich mit Macheten einen Weg durch den Dschungel
Südamerikas bahnte und mit dem Segelschiff Polynesien
erkundete, Fische mit der Hand fing und Seeräubern das
Fürchten lehrte. Bis ich 15-jährig recht unromantisch am
Boden der Realität aufklatschte: Tante Johanna war nie
auf Reisen gewesen, sie hatte dies alles aus nächster Nähe
im Fernsehen gesehen! Die Schwester meiner Oma hatte
ihr Heimatdorf tatsächlich NIE verlassen!

Ich weiß nicht, wie oft ich mir vorgestellt habe, nicht
nur woandershin zu reisen, sondern dort zu bleiben. In

der Ferne zu leben. Jedes Mal, wenn es ernst geworden wäre, wurde es eng in mir drin und ich habe – noch nicht einmal am neuen Ort gestrandet – ein Heimweh verspürt, das nur kennen kann, wer im Burgenland groß geworden ist. Mein Herz fühlte sich an, als würde ein kleines Wesen mit Flügeln in einem viel zu engen Zimmer ohne Fenster leben. Keine Ahnung, ob das nur an meiner burgenland-kroatischen Familie liegt oder am Burgenland selbst. Da ich eine Alternative nicht kenne, kann es eben nur diese eine Konstellation sein.

Ich bin in Wien geboren, aber im Burgenland aufgewachsen, ich bin sehr stolze Burgenlandkroatin. Meine Kindheit verbrachte ich wie im Bilderbuch: liebevolles Elternhaus, fleißige, bezaubernde Großeltern väter- und mütterlicherseits. Die Eltern meines Vaters lebten in Wien und kamen zunächst nur an seltenen Wochenenden, später dann ganz ins Burgenland. Die Großeltern mütterlicherseits waren Bauern. Als ich klein war, gab es auch noch Schweine, Kühe, Pferde, Hühner, Katzen, Hunde daheim – das volle Programm. Ich habe tatsächlich als einziges Enkerl mit den Ferkeln im Dreck gespielt, bin mit meinen vielen Cousins und Cousinen auf Kirsch- und Marillenbäume geklettert, wir waren im Wald und gründeten Banden, bauten Schleudern und schossen mit Steinen durch die Gegend, Gott sei Dank ist nie was passiert. Die Wulka, den kleinen Bach, der durchs Dorf mäandert, durchwateten wir barfuß, die Sonntage waren noch festlich, und die kirchlichen Feiertage oder Events wurden noch richtig gefeiert: Kirtag im August, Erntedankfest, Allerheiligen, Weihnachten, das Dreikönigsfest, Ostern, Erstkommunion, Firmung, Fronleichnamsprozessionen, Pfingsten, Hochzeiten, selbst Begräbnisse waren dank Leichenschmaus danach ein Fest! Ich spielte in der örtlichen

Tamburizza-Gruppe und sang im Kinderchor, die Jung-
schar war eine eingefleischte Gemeinschaft Pubertierender, und jeder grüßte jeden im Dorf – alle kannten sich,
die Häuser hatten Hausnamen, die nicht immer den Fa-
miliennamen glichen. Freundschaften, die im Kindergarten unterm Apfelbaum neben der pastellfarbenen Rutsche
geschlossen wurden, die ersten, verstohlenen Küsse im ro-
mantischen Schlosspark Esterházy und am Eislaufplatz,
Bauernschnapsen um ein paar Groschen im „Victor's Wa-
genradl", dem einzigen Pub der Umgebung, die ersten er-
lernten Tanzschritte in der Tanzschule, die dann in der
Küche für die Bälle im Fasching perfektioniert wurden,
Führerschein, Matura, endlose Spaziergänge mit meinem
Collie Shiva im Steinbruch, Discos in den 1980ern – das
alles erlebte ich im Burgenland. Als ich es zum Studieren verließ, war ich zwar eine selbstbewusste, aber von
Heimweh geplagte junge Frau, die Montagmittag mit dem
Bus in die Bundeshauptstadt fuhr und Donnerstag schon
wieder heimkehrte. Ich verstehe jeden Pendler, der lieber stundenlang im Zug sitzt, nur um abends daheim im
Burgenland inmitten der Lieben einen würzigen Bohnen-
strudel von der Oma zu essen, Freunde einzuladen und
dazu einen guten burgenländischen Wein zu trinken oder
zwei. Die Weine! Die Weinlese! Das waren Großereignis-
se! Unvergessliche Tage im Oktober, mit klebrigen Fin-
gern, vollen Putten und Jausen in Gummistiefeln. Das
Keltern, Etikettieren, das Schlichten im modrigen Weinkeller, danach riechen meine Kindheitserinnerungen.

Ich habe in der Familie den Glykol-Skandal mitbekom-
men, der die Winzer in die Knie zwang, erlebt, wie es ans
Eingemachte ging, Existenzen bedroht waren oder den
Bach runtergingen, aber ich habe auch gesehen, was meine
Familie und Freunde draus gemacht haben, nachdem sie

wieder aufgestanden sind und die Hemdsärmel nach oben geschoben haben: Weine von Welt! Auslachen, mit dem Finger auf uns zeigen – das lassen wir uns nicht gefallen! Tief in mir drin war ich schon immer eine Kämpferin. Wenn jemand es wagte, mich als „Krowodin" abzustempeln, die „daitsch nit kann", revanchierte ich mich mit dem Sieg beim Redewettbewerb der Schule, schrieb die besten Storys in der Jugendzeitung, gab Klavierkonzerte und gründete eine Laientheatergruppe. Tahahaa, von wegen! Kunst und Kultur sind gewachsen. In mir und im Land. Ich bin in den Anfangsjahren bei den Opernfestspielen und beim Operettenspektakel in Mörbisch auf Holzbänken gesessen, heute werden Menschen aus der ganzen Welt in Hightechmanier begrüßt. Das Burgenland ist zum Kulturland mutiert, wir halten die Herren Haydn und Liszt in Ehren. Kobersdorf, Güssing, Eisenstadt – das ganze Land eine Bühne! Rock, Jazz, Bildende Kunst, schreibende Zunft, SpitzenköchInnen – alles und alle haben einen Platz gefunden. Abends Kultur, tagsüber Sport, Erholung und Genuss. Fahrradwege wurden gebaut, Thermen sind wie Schwammerln aus dem Boden geschossen und dank EU-Fördergelder wurde aus einem Außenseiter an der östlichsten Grenze ein stolzes Herzeigebundesland mit rotgoldenem Mascherl, übrigens an 300 Tagen im Jahr von der Sonne strahlend beschienen.

Das Burgenland hat mich geprägt, mich stark und offen gemacht und mich mit Humor gesegnet. Über gute Burgenländerwitze lache ich am lautesten, würde ich sie mir merken, würde ich sie weitererzählen. Aber diese Witze docken in meinen Gehirnwindungen nun mal nicht an, sie verpuffen wie nasse Knallfrösche in meinem Kopf.

Als ich „90 Jahre Burgenland" in Oberwart moderieren durfte und die eigene Geschichte des jüngsten Bundeslandes Österreichs nochmals hörte, mich erinnerte an das, was uns in der Volksschule eingebläut worden war – auf Deutsch UND Kroatisch – die Archivbilder sah, die den Werdegang des Burgenlandes dokumentierten, und ich den einen Künstler oder die andere Künstlerin wiedersah, egal ob er oder sie der ungarischen, der kroatischen oder der Minderheit der Roma und Sinti entsprungen war, da wurde mir jedes Mal so warm ums Herz und mir war, als hätte dieses eingesperrte Flatterwesen plötzlich doch noch eine Öffnung gefunden und die Flügel ausgebreitet, um fort zu fliegen … nicht allzu lange … nicht allzu weit, denn an der Heimat ist ein Gummiband befestigt. Das kann durchaus lang sein, aber wenn es zu sehr gespannt ist, schnalzt es zurück mit einer ungewöhnlichen Heftigkeit. Und ja, die Heimat hat auch einen besonderen Geschmack: Sie riecht nach Burgenlandkipferln und Krautfleckerln, wildem Wein und saftigen Pfirsichen, den frischen Farben blühender Wiesen im Frühling, nach der glitzernden Abendsonne überm Neusiedlersee in den Sommerferien, den morschen, bunten Blättern des Leithagebirges im September, nach weißen Weihnachten der Kindheit – verpackt in herzlichem Lachen mit Familie und Freunden. Freunde, die immer schon da waren, und jene, die noch kommen werden.

Barbara Karlich hat an der Universität Wien zwei Studien erfolgreich mit dem Magisterium abgeschlossen. Sie moderiert im ORF „Die Barbara Karlich Show" – die am längsten gesendete Talkshow Europas – und die Hauptabendshow „9 Plätze 9 Schätze". Außerdem lädt sie Promis auf Radio Burgenland zum „Der Barbara Karlich Buchklub". Karlich gewann zweimal die Romy und ist Trägerin des Ehrenzeichens für das Land Burgenland.

100Jahre

Andreas Vitásek

Südburgenländische Pastorale

„Ein Mann muss drei Dinge im Leben tun: ein Haus bauen, einen Sohn zeugen und einen Baum pflanzen." Diesen nicht gerade gendergerechten Spruch kennt wohl ein jeder. Über die Autorenschaft herrscht Uneinigkeit. Manche schreiben ihn Nietzsche zu, manche Luther. Ich tippe eher auf Nietzsche, der ja nicht gerade als Frauenversteher in die Geschichte eingegangen ist. Gesichert überliefert hingegen ist Luthers Ausspruch: „Auch wenn ich wüsste, dass morgen die Welt zugrunde geht, würde ich heute noch einen Apfelbaum pflanzen." „Ein Feld zu bebauen, einen Baum zu pflanzen und ein Kind zu zeugen" wünschte sich Heinrich von Kleist in einem Brief an seine Verlobte Wilhelmine, die sich bald darauf von ihm trennte, wahrscheinlich weil sie keinen Bock darauf hatte, Bäuerin zu werden und sich um Haus, Hof und G'schroppen zu kümmern, während sich der Gemahl Selbstmordarten ausdenkt. „Man kauft im Leben alles zweimal, das erste Mal beim Hofer, das zweite Mal im Lagerhaus." Von der Richtigkeit dieser alten Bauernweisheit habe ich mich mittlerweile schon einige Male selber überzeugen können. Ja, ich habe es geschafft. Endlich. Ich bin ein zuagroaster Burgenländer. Aber der Weg dorthin war ein steiniger, das war keine gemähte Wiese.

Dabei waren meine Ansprüche gar nicht so hochgeschraubt. Ich wollte ein kleines Haus in ruhiger Lage, aber nicht ganz einsam, mit schöner Aussicht, aber nicht allzu exponiert, es sollten keine Massentierfarmen in der Nähe sein, keine Hochspannungsleitungen und keine Müllverbrennungsanlagen, und bitte wenn's leicht geht vor dem Fenster keine Armee von Windrädern, von denen immer eines stillsteht, so als wäre ihm gerade der Strom abgedreht worden – manchmal dreht sich sogar eines in die entgegengesetzte Richtung. Ja, habe ich schon gesehen, da habe ich allerdings ordentlich Uhudler intus gehabt. Alternative Energiegewinnung ja, aber bitte außerhalb meiner Sichtweite.

Und das Haus sollte irgendwie leistbar sein, also nicht viel teurer als eine Garçonnière mit Klo am Gang in Simmering, und am besten was Altes zum selber herrichten, äh, herrichten lassen und es sollte im Südburgenland sein, nicht zuletzt um genügend Distanz zu den Bobos im Waldviertel einzulegen, die dort offenbar eine Dependance vom Café Anzengruber haben. Mehr wollte ich gar nicht, ich habe da keine Fengshui-Kriterien angelegt, und ich habe auch nicht gependelt. Also ausgependelt. Pendeln tu ich mittlerweile schon.

Über ein Jahr lang habe ich intensiv gesucht, Annoncen durchforstet, Makler kontaktiert. Wenn ein Makler ein Haus hat, hat es einen Makel, sagt man. Ich glaube, ich kenne jetzt jedes Dorf im Südburgenland. Ich liebe den Klang der südburgenländischen Ortsnamen, Krobotek zum Beispiel, das klingt wie ein sibirisches Arbeitslager. Oder Deutsch-Schützen, da hört man richtig noch die Wehrmachtsstiefel im Gleichschritt marschieren. Dagegen klingt Kroatisch Tschantschendorf oder Tschanigraben oder auch Kleinmürbisch wie eine Liebkosung, wie ein Techtelmechtel unter freiem Himmel, wie ein Bussi. Aber es war einfach nichts Passendes zu finden. Auch nicht mit der größten Kompromissbereitschaft. Und ich war wirklich nahe daran, aufzugeben. Aber wenn du glaubst, es geht nicht mehr, kommt von irgendwo ein Lichtlein her, und wenn es das des entgegenkommenden Geisterfahrers ist.

Es war Liebe auf den ersten Blick. Ich habe das alte Haus angesehen, ich habe meine Frau angesehen.

„Und, was meinst du?"

„Jaa!"

Und wie es so ist mit der Liebe auf den ersten Blick, nach einiger Zeit weiß man gar nicht mehr, was einem da einst so gut gefallen hat. Ich rede jetzt vom Haus. Bei meiner Frau weiß ich ganz genau, was ich an ihr schätze, unter anderem, dass sie sich selber herrichten kann. Das kann das Haus nämlich nicht. Die Renovierung eines alten Hauses ist ein äußerst heikles Unterfangen. Jedes alte Haus beherbergt einen eigenen Geist, eine Aura, die man auf keinen Fall zerstören sollte, außer das Haus steht vielleicht zufällig am Hauptplatz in Braunau am Inn. Wie es aussehen kann, wenn man etwas zu Tode restauriert, kann man sehr gut an einigen Wiener Kaffeehäusern studieren. Da nimmt der Geist von Peter Altenberg einen letzten Schluck Latte Macchiato, legt die Zeitung weg, streicht wehmütig über den grünen Filz des Billardtisches, nimmt seinen Spazierstock und seinen Hut und verlässt mit einem leisen Adieu und natürlich ohne zu bezahlen das Café Central auf Nimmerwiedersehen.

Kaum hatte ich den Kaufvertrag unterschrieben, kamen schon die Ersten daher, die behaupteten, sie wüssten ein viel schöneres Haus in einer viel besseren Lage, das viel billiger zu haben gewesen wäre. Ja eh. Ich lasse mir die Freude an meinem neuen Haus nicht nehmen, nein, ich will auch nicht wissen, wie viel die Vorbesitzerin dafür bezahlt hat. Nein, ich will es nicht wissen. Wie viel hat sie bezahlt? Echt? So eine Gemeinheit.

Und ich habe natürlich von allen gehört: Vorsicht, Hinterholz 8. Kennen wir ja. Und es stimmt schon, bei so einem Umbau kann einiges schiefgehen, tut es garantiert auch, aber ich möchte jetzt zur Abwechslung einmal etwas Positives herausheben: Das Schönste bei so einem Umbau ist, wenn die Professionisten einen Fehler machen, durch den es danach besser ausschaut als ursprünglich geplant. Und dann heißt es, die eigene Profession ausüben, schauspielen, Enttäuschung mimen, Verzweiflung heucheln und beim Professionisten ordentlich den Preis drücken.

Für mich als alten Stadtneurotiker ist es eine wunderbare neue Erfahrung, in der Natur zu leben, schon allein die verschiedenen Tiere, die es da gibt, den chinesischen Buchsbaumzünsler zum Beispiel. Kennen sie den? Der ist ein Schädling mit einem ausgeprägten Stilempfinden. Der Buchsbaum ist ja nicht wirklich ein schöner Strauch, er ist quasi der auffrisierte Pudel unter den Sträuchern, aber seit Jahrhunderten sehr beliebt. Stellen sie sich einmal Schönbrunn oder Versailles ohne Buchsbäume vor, eine kahle Mondlandschaft. Und der Buchsbaumzünsler, dieser Ästhet unter den Schädlingen, selber in schlichtem Weiß gekleidet, haut sich auf diesen schiachen hochgiftigen Buchsbaum und verputzt ihn. Tolles Tier. Oder Hornissen, die sind echte Sirs, die lassen einen in Ruhe, außer man steigt ihnen direkt aufs Haus, aber wer lässt sich sowas schon gefallen? Bienen gibt's im Südburgenland wegen der aggressiven Schädlingsbekämpfung leider fast keine mehr, auch kaum noch Schweine und Hendln, die machen zu viel Arbeit, das zahlt sich nicht aus. Hin und wieder steht ein Schaf unmotiviert in der Landschaft herum. Ich hätte ja gerne ein Schaf. Schafe sind sehr beruhigend, deswegen verwendet man sie auch zum Einschlafen, nicht in Pillenform, sondern zum Zählen oder zum Kuscheln wie einst Gene Wilder in „Was sie immer schon über Sex wissen wollten".

Aber was mache ich mit einem Schaf, wenn ich unter der Woche in Wien bin? Ich kann dem doch nicht sagen: „Da hast' 100 Euro, geh zum Hofer und kauf dir was zu essen". Übrigens beim Hofer gibt's gutes Grillfleisch. Echt bio, angeblich.

Ja, ich gestehe, ich habe zu grillen begonnen. Gerade ich, der immer das Grillen im eigenen Garten als den Inbegriff des Spießbürgertums verachtet habe, ertappe mich nun dabei, wie ich in einer Schürze, auf der noch dazu peinlicherweise „Nicht stören, hier grillt der Chef" gedruckt ist, stundenlang versonnen in die Glut starre, in der Linken eine Dose Budweiser, in der Rechten eine hellblaue Fliegenklatsche, mit der ich die heransausenden Wespen schon im Anflug erledige. Das ist Entschleunigung, das ist burgenländisches Tai-Chi.

Das Schöne an der Natur ist ja, dass sie sich meistens im Freien abspielt, an der frischen Luft, und gerade das Südburgenland ist noch immer so urtümlich und naturbelassen. Sogar die Golfplätze sind im Freien und auch in den Thermen kann man rausschwimmen. Ich liebe diese langen Rutschen, wo man in der Halle oben einsteigt, schreiend in einer dunklen Röhre runterfetzt und ins Freibecken hineingeschleudert wird. Das ist wie ein Geburtserlebnis, nur dass man bei der Geburt nicht auf einen anderen drauffällt, außer man ist der zweite Zwilling.

Ich bin ja eine echte Stadtratte, ich bin total zweins mit der Natur. Setzen Sie mich in einer fremden Stadt ab, in kürzester Zeit finde ich das beste Restaurant und die angesagteste Bar, und zwar ohne Stadtführer, das kann ich instinktiv. Setzen Sie mich hingegen in irgendeinem Mischwald ab, bin ich hoffnungslos verloren. Ich kenne genau drei Bäume: den Christbaum, aber auch nur, wenn er geschmückt ist und Betrunkene drum herumstehen, die versuchen, die zweite Strophe von „Stille Nacht" zu singen. Dann den Wunderbaum in der Duftrichtung Vanille aus den Taxis, und die Birke, wegen ihrer weißen Rinde. Im Wiener Stadtpark wurden vor kurzem junge Bäume gesetzt und ich gehe zum städtischen Gärtner und sage fachmännisch: „Ah, junge Birken." Darauf der: „Das sind Linden, das Weiße ist die Schutzfarbe."

„Die beste Zeit, einen Baum zu pflanzen, war vor 20 Jahren, die zweitbeste ist jetzt."

„Was sind das für Zeiten, wo ein Gespräch über Bäume fast ein Verbrechen ist, weil es ein Schweigen über so viele Untaten einschließt!", schrieb einst Bertolt Brecht. Ich sage: mit etwas Dialektik und einem Glas Uhudler geht beides: über Bäume reden und über Schweinereien. Und da meine ich jetzt nicht den Lardospeck vom Mangalitzaschwein.

Ich verrate Ihnen nicht genau, wo sich mein Haus befindet. Falls Sie mich dennoch besuchen wollen, ein kleiner Tipp: Es liegt 37 Kilometer von Oberwart und 40 Kilometer von Rechnitz entfernt. Oberwart, wo 1995 vier junge Roma von einer Rohrbombe getötet wurden. Und Rechnitz, wo fast auf den Tag genau 50 Jahre davor bei einem Massaker an die 200 ungarisch-jüdischen Zwangsarbeiter ermordet wurden.

Und wenn Sie dann einen kleinen Birkenwald sehen und einen gelangweilten Mops, der mir irgendwie ähnlich schaut, dann sind Sie schon am richtigen Weg. Und wenn dann noch ein gerade richtig dicker Mann in seinen besten Jahren auftaucht und seinen Strohhut zieht, könnte das ohne weiteres ich sein. Denn das ist der wahre Grund, warum ich so gerne am Land bin … ich grüße so gerne. Grüßi.

Andreas Vitásek studierte ab 1974 Theaterwissenschaft und Germanistik in Wien. In den Jahren 1978 bis 1980 besuchte er die Theaterschule von Jacques Lecoq in Paris. Seit 1981 arbeitet er als Kabarettist, Schauspieler und Regisseur. Seine Soloprogramme haben das österreichische Kabarett seit den 1980er Jahren konstant geprägt. Andreas Vitásek lebt in Wien und im Südburgenland.

Birgit Braunrath

Der Hauptplatz
in meinem Herzen

Eine Kindheit im Burgenland, das fühlte sich an wie eine Stiefkindheit, damals in den Siebzigerjahren des vorigen Jahrhunderts. So, als wäre ich Kind eines Bundeslandes, das nur angeheiratet ist, das nicht ganz so zu Österreich gehört wie die übrigen acht Bundesländer. Im Sachunterricht lernten wir: „Das Burgenland ist das jüngste Bundesland." Und auf gewisse Weise schien mir diese Jugend ein Makel zu sein.

Verreisten meine Eltern und ich mit dem Zug, so fuhren wir vorher per Bus nach Wien, da Österreichs Bahnnetz nicht bis in unser Stiefbundesland reichte. Schlicht deshalb, weil es dieses Bahnnetz schon länger gab, als das Burgenland bei Österreich war. Wollten wir einen Berg besteigen, was meines Vaters liebste Sommerbeschäftigung war, so fuhren wir in die Steiermark. Kein Wunder, dachte ich, hatte ich doch im Sachunterricht gehört, dass „die höchste Erhebung des Burgenlands" ein Stein war, der sogenannte Geschriebenstein.

Wenn ich vom circa 200 Meter hohen Hetscherlberg, der hinter unserem Haus eine Art Buckel in der Landschaft bildete, ins endlose, flache Nichts der Wulkaebene schaute, suchte ich stets vergeblich nach einem Punkt, an dem sich das Auge festhalten konnte. In diesen Momenten wünschte ich mir sehnlich, ein Kind der Steiermark zu sein und auch einmal einen richtigen Berg vor der

Haustür zu haben. Von oben betrachtet sah mein Bundesland aus, als wären dem lieben Gott die hohen Berge, die tiefen Täler und die reißenden Flüsse ausgegangen, ehe er dieses Land schuf.

Meine Eltern trösteten mich, indem sie vom Gipfel des Hetscherlbergs aus nach links zeigten und sagten: „Schau doch, Birgit, der See!" Und tatsächlich wurde die topografische Ereignislosigkeit im Osten durch eine bräunlich-graue Fläche unterbrochen, die bei Sonnenschein glitzerte. Wie ein Juwel. Ich mochte den Neusiedlersee. Obwohl er gewöhnungsbedürftig roch und ich bis zu den Waden im Schlamm versank, sobald ich beim Schwimmen die Füße nach unten streckte. Irgendwann lernte ich dann den Attersee kennen. Danach mochte ich den Neusiedlersee nie wieder so wie vorher.

Und eines Tages begriff ich, dass das Burgenland so etwas wie das Ende der Welt markierte. Zumindest das Ende der Welt, wie ich sie kannte. Denn hinter dem sogenannten Eisernen Vorhang lag etwas, das die Erwachsenen „Ostblock" nannten und das für mich, bei Besuchen jenseits der Grenze, eine Tristesse ausstrahlte, für die ich keinen Namen hatte. Jedes Mal war ich erleichtert, wenn uns die finster dreinblickenden ungarischen Grenzbewacher nach eingehender Kontrolle unserer Pässe unbehelligt nach Hause fahren ließen.

Die alte Jagdhütte meines Großvaters lag besorgniserregend nah an diesem Vorhang, der angeblich aus Eisen war, für mich aber unsichtbar blieb, egal, wie scharf ich Opas Fernglas stellte, das ich unerlaubt aus dem Kasten genommen hatte, um hinter das Rätsel des Eisernen Vorhangs zu blicken. Als Kind dachte ich, dieser heiße so, weil eiserne Wachtürme ihn auf der ungarischen Seite markierten. Und nichts hätte mich mehr gereizt, als den

Wachturm in der Nähe der Jagdhütte meines Großvaters, diese mit Abstand höchste Erhebung im endlosen Flachland, zu erklettern.

Doch uns Kindern war es streng verboten, uns der Grenze zu nähern, die wir mitten im Grünen zwar nicht sehen konnten, angeblich aber hören würden, sobald wir ihr zu nah kämen. Von Explosionen und abgetrennten Gliedmaßen war da die Rede. Ich hatte keine Ahnung, was „Minen" waren. Aber jedes Mal, wenn ein Jäger im nahen Wald einen Schuss abgab, sagte mein Cousin zu mir: „Jetzt ist ein Reh auf eine Mine gestiegen!" Die Angst, irgendwo in Grenznähe auf abgetrennte, blutige Rehgliedmaßen zu stoßen, war größer als meine Neugier. Und so mied ich auf meinen Streifzügen stets die Grenze und den dahinterliegenden Wachturm. Erst Jahre später gestand mir mein Cousin, dass er das mit den Rehen damals „nur im Spaß" gesagt habe, um mich zu erschrecken. Aber da war der Eiserne Vorhang bereits Geschichte, und einige der ausrangierten eisernen Wachtürme standen als imposante Relikte des Kalten Krieges in irgendwelchen westungarischen Gärten, um dort den Baumhäusern Konkurrenz zu machen.

Im Musikunterricht lernten wir die Landeshymne. Ich sang: „Mein Heimatvolk, mein Heimatland, mit Österreich verbunden …" und sah meinen Verdacht erhärtet, dass das Burgenland gar kein richtiges Bundesland, sondern nur ein Anhängsel von Österreich war. Das Wort „verbunden" drückte für mich einen Status aus, den ich heute vielleicht mit „aussichtsreichen Beitrittsverhandlungen" gleichsetzen würde.

Immerhin hatten wir Burgenländer die schönsten Burgen. Das gefiel mir. Und es machte mich zumindest leidlich stolz auf mein sonst so schmuckloses Heimatland am

Rande der Zivilisation. Begeistert erzählte ich deutschen Touristenkindern auf unseren Wanderurlauben in der Steiermark, dass ich aus dem Burgenland käme, welches weltberühmt für seine Burgen sei. Und ich erschreckte die anderen Kinder mit selbst erfundenen Raubrittergeschichten von Burg Forchtenstein bis Burg Güssing.

Im Geschichtsunterricht erfuhr ich dann allerdings, dass der Name Burgenland gar nichts mit den Burgen zu tun habe, sondern sich von den ehemaligen ungarischen Komitaten Preßburg, Ödenburg, Wieselburg und Eisenburg ableitete. Und dass von der ursprünglich so ambitionierten Idee eines „Vierburgenlands" aus dem Jahr 1919 bis zum Frühjahr 1921 nicht viel mehr übrig blieb als der Name minus vier. Die Enttäuschung war groß. Mein unscheinbares Bundesland, das mit Österreich bloß „verbunden" war, war also auch noch ein geschichtliches Rumpfgebilde, eine abgemagerte Version seiner selbst.

Dabei erschien mir das Land so riesig. Als Nachwuchshoffnung der Schwimm-Union Eisenstadt kam ich durch den Sport viel herum. Allein schon deshalb, weil es weit und breit kein Hallenbad gab, in dem wir im Winter trainieren hätten können. 1977 wurde immerhin das Hallenbad Neusiedl eröffnet (das allerdings inzwischen geschlossen und ein Fall für die Denkmalkommission ist). Als mein Vater mit mir im Sommer 1976 zu den Nachwuchs-Schwimmlandesmeisterschaften nach Jennersdorf fuhr, staunte ich nicht schlecht, als wir zweieinhalb Stunden lang in dieselbe Richtung fuhren und uns nach wie vor im angeblich so kleinen Bundesland Burgenland befanden. Auf unseren Fahrten ins sogenannte Südliche lernte ich Gebirge wie die Rosalia und die Landseer Berge aus der Nähe kennen und ich war beeindruckt, als mir mein Vater den Geschriebenstein zeigte. Dieser war deutlich größer als ein Stein und kam meiner Vorstellung von einem echten Berg erstaunlich nahe.

Allmählich erkannte ich, dass das Burgenland viel mehr war als die Wulkaebene und der Seewinkel. Und beinahe hätte ich aufgehört, mich für meine Herkunft zu schämen und mich als Stiefkind in Österreich fühlen. Doch dann wurde ich Landesmeisterin im Brustschwimmen und qualifizierte mich so für die Staatsmeisterschaften. Dort musste ich, die Burgenländerin, mich erst wieder hinten anstellen. Das Gefühl, als Exotin wahrgenommen und belächelt zu werden, war eine eiskalte Dusche. Tapfer lachte ich mit Tiroler und Wiener Schwimmern über Burgenländerwitze, die jeder in Österreich zu kennen schien, amüsierte mich dabei aber nicht. Es tat weh, und ich fühlte mich wie eine Burgenländerwitzfigur.

Mit 16 verbrachte ich zwei Monate in den USA. Ich verließ das Burgenland, ohne mich umzudrehen und zu winken. Keine Sekunde würde ich diesem Land nachweinen oder es vermissen. Als ich in Pennsylvania krank wurde, mich fremd fühlte und das Heimweh an meiner Seele nagte, kam so gut wie täglich Post von daheim. Briefe, Karten, kleine Päckchen. Und ich spürte, dass das Burgenland so viel mehr war als die Wulkaebene, der Seewinkel und die Burgen. Dass dieses Land auch aus seinen wunderbaren Menschen bestand, die mir viel bedeuteten. Und dass der Platz, den es in meinem Herzen einnahm, deutlich größer war als der Platz, den es auf der Landkarte einnahm.

Das Burgenland verübelte mir meinen grußlosen Abschied nicht und empfing mich mit offenen Armen, als ich nach zwei Monaten wieder zu Hause ankam. Das flache Land lag einfach da, als hätte es auf mich gewartet, in all seiner Weite und Offenheit. Bis heute habe ich mir gemerkt, dass diese pannonische Weite einen Weitblick zulässt, dem sich kein Berg in den Weg stellt. Und dass diese Offenheit ein Kommen und Gehen erst möglich macht.

Das Burgenland war nie eifersüchtig. Es ließ mich weggehen und nahm mich wieder auf, wenn ich genug hatte. Vielleicht konnte ihm gerade deshalb kein Land der Welt, das ich je bereist habe, den Hauptplatz in meinem Herzen streitig machen. Mehr als drei Jahrzehnte, nachdem ich von dort weggezogen bin, antworte ich auf die Frage, woher ich denn käme, ohne nachzudenken: „Eisenstadt". Ich wohne in Niederösterreich. Und ich komme aus dem Burgenland. So einfach ist das. Und so klar.

Mit 17 wurde ich Fremdenführerin. An den Wochenenden und in den Ferien zeigte ich Menschen das Schloss Esterházy, das Haydnhaus, das Jüdische Museum, die Bergkirche, manchmal auch die Burg Forchtenstein, den Steinbruch von Sankt Margarethen, die Störche von Rust und sogar den Eisernen Vorhang. Es schien sie tatsächlich zu interessieren, ja sogar zu faszinieren. Oft kamen sie von weit her, um Joseph Haydns Symphonien im Haydnsaal zu hören oder die schaurige Geschichte von Haydns gestohlenem Kopf direkt am Sarkophag erzählt zu bekommen. Es gab mir zu denken, dass das, was ich für mein unscheinbares Heimatland hielt, anderen eine Reise um die halbe Welt wert war. Ich liebte diese Arbeit, posierte mit Touristinnen und Touristen in meinem südburgenländischen Brustfleckdirndl und bis heute frage ich mich manchmal, in wie vielen japanischen Fotoalben ich wohl verewigt bin.

Mit 19 wurde ich Flugbegleiterin bei Austrian Airlines. Ich war die einzige Burgenländerin in meinem Ausbildungskurs, wenn auch nicht die einzige Birgit. Es gab auch eine Birgit aus Leoben und eine aus Riegersburg. Sie waren also beide Steirerinnen, und ich erzählte ihnen von meinem einstigen Wunsch, ein Kind der Steiermark zu sein, um auch einmal einen richtigen Berg hinterm Haus zu haben. Sie lachten und sagten: „Aber du hast doch den Neusiedlersee!" Ich verriet ihnen nicht, dass der Attersee besser roch und blauer war. Als ich herausfand, dass auch Elke aus der Steiermark kam, rief ich ihr begeistert zu: „Ah, du bist auch Steirerin!" Ich erntete einen vernichtenden Blick: „Nein. Ich bin GRAZERIN." Diese Antwort ließ mich zunächst ratlos zurück. Ich war gleichzeitig Eisenstädterin und Burgenländerin und wäre nie auf die Idee gekommen, dass das Zweierlei sein könnte. Eine Weile dachte ich über Elkes Aussage nach, dann wurde mir klar, dass offensichtlich auch Kinder anderer Bundesländer mit ihrer Identität und Herkunft rangen.

Während der Zeit als Flugbegleiterin rückte das Burgenland auf meiner geistigen Landkarte vom Rand der Welt ins Zentrum Europas. Ich lernte, dass der Airport Wien-Schwechat Drehscheibe in alle vier Himmelsrichtungen war, ein Transferflughafen für Millionen Passagiere. Und dass ich von Eisenstadt aus über das Leithagebirge genauso lang zum Flughafen fuhr wie aus meiner Studentenwohnung in Wien. Immer mehr AUA-Kolleginnen und -Kollegen erzählten mir, dass sie davon träumten, sich im Burgenland niederzulassen, weil die Entfernung zum Flughafen gering und die Lebensqualität dort so hoch sei.

Das Wort „Lebensqualität" ließ mich aufhorchen. Und ich überprüfte, ob das hinterwäldlerische Burgenlandbild, das ich seit Kindheit mit mir herumtrug, überhaupt noch der Realität entsprach. Eisenstadt hatte längst ein Hallenbad, man konnte inzwischen sogar mit nur einmal Umsteigen per Bahn nach Wien fahren, im Burgenland der frühen Neunzigerjahre gab es bereits Kulturzentren, Festspiele, Sportstätten, Autobahnen, Schnellstraßen und die allerschönsten Radwege der Welt. Vielleicht war es tatsächlich ein lebenswerter Ort, dessen Strahlkraft nur auf mich keine Wirkung ausübte, weil ich zu nah dran war. Manchmal muss man einen Schritt zurück machen, um den Blick zu schärfen.

Noch erstaunlicher fand ich, dass der Zuzug nicht nur Menschen betraf, die am Flughafen arbeiteten und ihren Hauptwohnsitz ins Burgenland verlegen wollten. Immer häufiger hörte ich auch von Menschen, die ein Wochenendhaus irgendwo im Mittelburgenland suchten, um ihr Leben zu „entschleunigen". Ich hatte damals keine Ahnung, was das bedeuten sollte, nutzte ich doch jeden freien Tag auf meinem Flugplan, um privat nach London zu jetten und Einkäufe zu erledigen, jedes freie Wochenende, um nach New York zu fliegen und im Central Park eine Runde am Rad zu drehen.

Ich hatte eine Schuhgröße, aber keinen ökologischen Fußabdruck. So etwas kannten wir nicht. Würde ich ab heute all mein Flightshaming für die Neunzigerjahre abbüßen, ich müsste mindestens hundert Jahre alt werden und dürfte dabei maximal Halbtagsausflüge mit dem Tretroller machen. Bali, Salt Lake City, Tokio, Kapstadt, Seattle, Moskau, Auckland … die Welt war immer nur ein paar Flugstunden von mir entfernt. Und sie war mein sicherer Hafen. Denn niemand wusste dort, was Burgenländerwitze sind.

Mit 23 wurde ich Journalistin. In Wien holte mich die eigene innere Burgenländerwitzfigur rasch ein. Ich fühlte mich klein. Und ich war verblüfft, als ich herausfand, dass Marga Swoboda, Conny Bischofberger und Doris Knecht, damals schon große Namen im Journalismus, aus Vorarlberg, also aus einem noch kleineren Bundesland als ich stammten. Und dass es auf die Größe des Herkunftslandes nicht ankam. Sondern ausschließlich auf die menschliche Größe. Und dass man in dieser Kategorie jeden Tag über sich hinauswachsen kann. Dass man Demut lernen kann. Und dass Witze dazu da sind, herzhaft über sie zu lachen, und nicht, sich von ihnen klein machen zu lassen. Ich wurde zu einer Art wandelndem Burgenländerwitzlexikon. Ich kannte sie alle und hatte in jeder Situation den passenden Schmäh auf Lager. Ich versteckte meine Wurzeln nicht länger, sondern machte sie zu meinem Markenzeichen.

Mit 34 verliebte ich mich schließlich in einen Mann, der in Wien geboren und in Niederösterreich aufgewachsen, aber besonders stolz auf seine mittelburgenländischen Wurzeln ist. Ich habe seine Burgenlandliebe nie ganz verstanden, denn auf mich wirkt er dort immer wie ein fremdsprachiger Gast, während ich, dank meiner Marzer Großeltern, beim Hianzischen jederzeit ohne Dolmetsch mitreden kann. Aber er spricht eine andere Sprache fließend, eine, die ich nicht beherrsche, die der Natur. Er weiß, welcher Baum groß wird und welcher weg muss, weil er anderen im Weg steht. Er kennt jede Wildschweinkuhle und jede Wegkehre. Er zeigt mir versteckte Steinpyramiden im Wald und weiß, wo die größten Parasole und die fettesten Brennnesseltriebe wachsen, an welcher Stelle man den Bach überqueren kann und wo man im Sumpf versinkt. Ich liebe den Mann bis heute und vermute, dass auch er, wie so viele, zur Entschleunigung ins Burgenland fährt. Denn sobald wir uns auf den Weg dorthin machen, ist er ein anderer, er wird innerlich ruhig, eine zufriedene, ausgeglichene Version seiner selbst. An ihm kann ich ablesen, was mir an mir selbst lange nicht auffiel. Dass es guttut, im Burgenland zu sein. Ihm verdanke ich die Erkenntnis, dass ich an den unscheinbarsten, unberührten Flecken des Mittelburgenlands Kraft tanken kann, ganz ohne Hochgebirge und Hotelburgen.

Manchmal gehe ich noch auf den Hetscherlberg hinterm Haus meiner Eltern. Das mächtige Gipfelkreuz, das den circa 200 Meter hohen Gupf markiert, überragt mich nach wie vor um Längen. Heute lache ich darüber. Meine Kinder haben von ihrer Oma gelernt, dass man nur einen Rucksack und etwas Proviant in Form von Manner-Schnitten und Knackwurst mitnehmen muss, schon hat man das Gefühl, einen echten Gipfel erklommen zu haben. Sie jausnen dann gern auf der Bank unterm Gipfelkreuz, schauen ins endlose, flache Nichts der Wulkaebene und suchen vergeblich nach einem Punkt, an dem sich das Auge festhalten könnte. Ich zeige dann nach links und rufe: „Schaut doch, Kinder, der See!" Und tatsächlich wird die topografische Ereignislosigkeit im Osten durch eine bräunlich-graue Fläche unterbrochen, die bei Sonnenschein leicht glitzert. Wie ein Juwel.

Sollte ich eines Tages Großmutter werden, dann zeige ich meinen Enkelkindern den Neusiedlersee. Und den Geschriebenstein. Und Jennersdorf. Und die Lacken des Seewinkels. Ich erzähle ihnen die grausige Geschichte von Haydns gestohlenem Kopf. Und selbst erfundene Raubrittergeschichten von Burg Forchtenstein bis Burg Güssing. Und den Unsinn vom Reh, das am Eisernen Vorhang auf eine Mine getreten ist. Und wenn sie älter werden, sage ich ihnen, dass sie ihre Heimat auch einmal mit den Augen von Fremden betrachten sollen. Dass sie weggehen und sich neu nähern sollen. Weil wir die Schönheit dessen, was ohnehin immer da ist, nicht bemerken, bis wir es uns irgendwann selbst wegnehmen. Aufrecht zu gehen lernt jedes Kind. Das aufrechte Kommen und Gehen aber erfordert Mut. Den Mut wegzugehen, ins Unbekannte, und noch mehr Mut, zurückzukommen, ohne zu wissen, ob man noch dazugehört.

Aber dazuzugehören ist am Ende doch nur eine Frage der inneren Verbundenheit. So wie das Burgenland zu Österreich gehört, auch wenn es in seiner Hymne nur „mit Österreich verbunden" ist.

Birgit Braunrath, geboren 1968 in Eisenstadt, ist Autorin und Kolumnistin. Sie lebt mit ihrem Mann und ihrem Beagle Daria in Mödling. Seit 1996 schreibt sie ihre Meinung links unten auf Seite 1 des „Kurier". Mit ihrem Ex-Mann Guido Tartarotti schreibt sie für „Woman" die Kolumne „Glücklich geschieden" und tritt damit auch auf Kabarettbühnen auf. Die beiden haben zwei erwachsene Kinder.

100 Jahre

Franz Renner

Vom Süden und vom Norden

Von einem Südburgenländer,
der nach drei Jahrzehnten in der Fremde heimgekommen
ist und Nordburgenländer werden musste

Prolog

Wenn wir die Verwandten im Norden besuchen wollten, mussten wir, aus dem tiefen Süden kommend, einige Bergprüfungen bestehen. Oberwarter Berg, Bernsteiner Gebirge, Sieggrabner Sattel. In den Wintern der späten Sechzigerjahre konnte der Verwandtenbesuch schon wieder vorbei sein, bevor er begonnen hatte. Tiefschnee, Schneeverwehungen und eine Straßenverwaltung, die noch im Modus ortsfeste Pragmatisierung arbeitete. Schneeräumung nur dann, wenn sie im Dienstplan stand. Das ging sich halt nicht immer aus. Schon, Schneeketten anlegen wäre eine Alternative gewesen. Aber nicht im Sonntagsg'wand. Geordneter Rückzug daher, langsames Zurückrutschen, und wieder ab Richtung Süden. Wobei: Der Oberwarter Berg, der war ja noch unserer. Ein *südlicher*. Das Bernsteiner Gebirge, auch noch irgendwie bei uns, an der Grenze zum Mittelburgenland. Aber der Sieggrabner Sattel? *Very far in the north.* Kulturelle Wasserscheide. Dahinter – der Norden, mit Menschen, die sich auch Burgenländer nannten, aus meiner Kindersicht aber keine waren. Keine richtigen halt. Man soll das ja nicht sagen, quasi Zitat daher, oft gehört: „Der Adolf hat nicht alles falsch gemacht". Den Süden zum Gau Steiermark, den Norden zum Gau Niederdonau. Auch wenn man den

Adolf-Blödsinn beiseite lässt, es hat schon was: wie ein langes Scherzerl wurde das Burgenland vor 100 Jahren von Ungarn abgeschnitten, an den Osten Österreichs angeklebt. Alles, was sich Stadt nennen durfte, blieb in Ungarn. Ein Land-Strich, im buchstäblichen Sinn, ohne gemeinsames Zentrum, ohne gemeinsam empfundene Geschichte, die *vor* 1921 ist gemeint. Ein Land mit einer unsichtbaren Grenze am Sieggrabner Sattel, den geografischen Flaschenhals, durch den nichts durchgeht, wie ich meinen Vater sagen höre. Hie der *reiche Norden,* hie der *arme Süden, Mezzogiorno,* ohne *Cosa Nostra.*

Weggehen

Dort, im Süden, bin ich also aufgewachsen. Acht Kilometer vom Eisernen Vorhang entfernt. Punitz, ein kleines Dorf im großen Wildschweinwald. Ein *Sumpfkrowodndorf.* Weil es eine *Sumpfn* war und zumindest die alten Leute noch Kroatisch konnten, auch wenn sie es öffentlich nicht sprachen. Kleine Bauern, oft im Nebenerwerb, kaum einer hatte mehr als 2, 3 Hektar unter dem Pflug, dazu ein bisschen Wald. Herzliche Menschen, zuweilen rabiat. Balkanisches Temperament, wenn man Vorurteile strapazieren will. Auf einen Schnaps wurde man ebenso schnell eingeladen, wie die Fäuste fliegen konnten.

Den Lärm beim Fußballspielen auf der Wiese vor der Schule hab ich heute noch im Ohr. *Tito, Bhutto,* die Spitznamen waren aus den Weltnachrichten. Später beschränkte sich das Internationalistische auf das Wochenpendeln nach Wien. Ich war, wenn ich die Bubengesichter der Reihe nach durchgehe, der Einzige, der für immer weggegangen ist. Lehrerkind, na ja. Dann in die nahe *Stadt* umgesiedelt, die Stadterhebungsurkunde zu-

Pendeln, diesfalls nur zwischen Wirtshaus und Kirche:
Fronleichnamsprozession um das Jahr 1970 in Punitz, Gespanschaft
Güssing.

mindest rechtfertigt diesen Titel. Güssing, Bezirkshaupt-
stadt. Oben die Burg, Monument der Feudalzeit, unten
das Kulturzentrum, Symbol der sozialistischen Kultur-
revolution unter Sinowatz und Kery. Einmal war der
Kreisky da, anfangs der Siebziger. Begrüßt mit der gast-
freundlichen Höflichkeit der Südburgenländer, nicht mit
Begeisterung. Mit den Sozis hatte man es bei uns unten
nicht so. Dass wir jetzt einen roten Bürgermeister haben,
ist wieder eine andere Geschichte. *Whatever.* Ich spule
weiter vor. Hauptschule, Oberstufenrealgymnasium, Matura, und weg. Keine Sekunde darüber nachgedacht zu
bleiben. Nicht, weil es mir nicht gefallen hat. Sondern
weil es so war. Wer nach der Matura bildungskarriere-
mäßig noch was drauflegen wollte, musste weg aus dem
Burgenland. Von den 22 autochthonen Burgenländerinnen und Burgenländern meiner Maturaklasse sind heu-

te noch elf im Südburgenland, die Hälfte also, fünf von ihnen wurden Lehrerin oder Lehrer. Die anderen sind weg und weggeblieben, in der Landeshauptstadt, in Graz oder Wien, in Deutschland oder der Schweiz. Wir waren übrigens viel mehr als 22 in der Maturaklasse, der Rest waren Flüchtlinge aus dem Gymnasium Fürstenfeld, die hofften, bei uns billiger zur Matura zu kommen, wohl zu Recht. Die waren auch gleich wieder weg, eh klar. Ich dann auch. Graz oder Wien, war die Frage, ich entschied mich für Graz. Nicht so weit weg und kleiner, für die Großstadt war der Bub aus dem *Sumpfkrowodndorf* noch nicht bereit. Das Burgenland hatte damals in Graz noch ein Studentenheim. Oder war es nur ein Kontingent für Burgenländer in einem steirischen Heim? Egal. Es war der abrupte Beginn meiner *Styrifizierung*. Es fiel mir leicht, war ich doch aus *Steirisch-Kongo,* wie die Steirer es nannten. Hat schon was, wenn man die mitschwingende Kolonialherrenattitüde übersehen mag, soziokulturell, naturräumlich und so weiter. Eine andere, auch kolonialistisch getriebene Bezeichnung für uns Südburgenländer hab ich im Nordburgenland kennen gelernt, als Gastarbeiter in einem Schenkhaus am See. Brave Arbeiter sind wir demnach, wir *Südmolukker.* Anfangs sind wir noch jedes Wochenende aus Graz nach Hause gefahren. Der Liebe wegen und weil das einfach so war. Hat aber nicht lange gedauert und die Besuche in der *alten Heimat,* wie die Alten aus Chicago oder Pennsylvania beim alljährlichen Auslandsburgenländertreffen immer gesagt haben, diese Besuche wurden rarer, und dann bald einmal: Lebensmittelpunkt Graz. Wo bist du her? Aus Graz. Im Herzen schon noch Burgenländer, aber sonst wie die aus Chicago oder Pennsylvania. Einsprengelung: bin in Graz auch an der *Vorarlberger Community* angestreift. Die gibt es, man trifft sich, kennt sich und pflegt so was wie eine Emigration-auf-Zeit-Kultur. Gab es das auch von Burgenländerinnen und Burgenländern? Nicht dass ich wüsste, vielleicht ist es nur an mir vorbeigelaufen. Oder wir sind doch eher von der *assimilierungsbereiten* Fraktion.

Weiterziehen

Noch einmal kurz nach vor gespult. Das Studium im Schneckentempo absolviert (an alle ganz Jungen hier: ja, das ging damals noch; ihr Armen heute), dort und da gejobbt, schließlich beim Radio gelandet. Manche meinten, eh recht talentiert, nur das burgenländische Zungenspitzen-R, schlimm. *Stimmhafter alveolarer Vibrant.* Aber das wird vielleicht noch, hieß es. Ist es aber nicht. Aus Bestemm nicht. Schließlich doch: *Vienna Calling.* Ich war so weit, bereit für die österreichische *Weltstadt.* Als ich aus Graz wegging, habe ich nachgerechnet: ebenso viele Jahre in der Steiermark gelebt wie im Burgenland. Ich war nun ein *Halbblut.* Burgenland im Herzen, steirisch angewehtes Idiom. Was macht das mit einem? Wien also. Zeitraffer. Beruflich zufrieden. Schließlich auch privat. Frau meines Lebens kennen gelernt. Kleinfamilie gegründet, mit Kindern, wie es sich gehört. Aber wo leben? Die Frau, selbst vom Land, einem ganz anderen, will der Großstadt fliehen. Klassischer Fall: in Wien arbeiten, am Land wohnen. Aber wo? Wir haben den Speckgürtel um Wien erkundet, Niederösterreich heißt es dort. Von Mal zu Mal, von Hausbesichtigung zu Hausbesichtigung, habe ich mich gefragt: Was mach ich da, in Niederösterreich? Nirgendwo sonst habe ich mich so fremd gefühlt wie in Niederösterreich. Da klang nichts an in mir. Des Burgenländers Patriotenseele bekam Schnappatmung.

Die Königsidee dann: ins Nordburgenland, quasi äußerer Speckgürtel von Wien. Leisten konnte man es sich damals auch noch. Damals. Mit der Stadtflucht der Wiener hat die Speckgürtelimmobilienblase das Nordburgenland längst erreicht.

Heimkommen

Rückkehr ins Burgenland also. Aber nicht in die *alte Heimat,* sondern ins Nordburgenland. Das ist uns aus dem *steirischen Kongo* irgendwie fremd. Das gibt es ja oft: derselben Großfamilie angehörend, aber nur selten Kontakt zueinander gehabt. Denn mal ganz ehrlich: Wer fährt aus dem Süden freiwillig in den Norden? Eigentlich nur, wer bei der Landesregierung zu tun hat. In meiner Pflichtschulzeit war ich zwar auf Wienwoche, in der Landeshauptstadt hingegen nur einen einzigen Tag. Ausflug in *unsere* Landeshauptstadt, hat es geheißen. Ich dachte ja, das wäre Wien. So was prägt. Aber man soll im Leben auch einmal ein Risiko nehmen. Mattersburg also. Einen guten Platz, aber nicht wirklich heim gefunden. Bald einmal, nachdem wir da waren, ging ich zum Haareschneiden. Eine Friseurin, jünger als ich, aber auch nicht mehr die Jüngste, legt Hand an mein schütteres Kopfhaar. Woher ich komme? Woher sie kommt? Schau, schau, beide aus dem Süden, ein paar Dörfer voneinander entfernt aufgewachsen. Ich frage sie, wie die Leute *hier heroben* so sind? Sie schaut kurz über die Schulter, ob eh niemand zuhört, antwortet in verschwörerischem Tonfall: Die seien schon anders als bei *uns unten.* Wie anders? Na anders. Aber wie? Na, verschlossener, nicht so offenherzig und großzügig. Hat sie gesagt. Ich persönlich hab dazu keine Meinung. Zumindest nicht öffentlich. Beruflich bin ich

43

jetzt einer von denen, deren Leben ich mir früher so gar nicht vorstellen konnte, bin jetzt also auch Pendler. Endlich ein *richtiger* Burgenländer. Daran denke ich jeden Tag, wenn ich im Museumszug nach Wien sitze. Ich bin also heimgekommen. Als Hauptwohnsitz-Freizeitburgenländer. Meine Töchter gehen hier zur Schule. Sie werden wohl auch weggehen, aus dem Burgenland. Die Wahrscheinlichkeit ist hoch, dass sie nur mehr als Besucherinnen zurückkehren.

Epilog

So oder so, im Süden oder im Norden lebend, bin ich begeisterter Burgenländer. *What else.* Es ist ein gutes Land (*wohl werth, daß sich ein Fürst sein unterwinde,* frei nach Grillparzer, mehr politische Anspielung findet hier keinen Platz, historisch wie aktuell besehen). Ein großartiges Land, nah an der großen Stadt und doch fernab. Alles großartig, die Lebensqualität, die Natur, der – zu einem guten Teil importierte – Wohlstand. Sogar studieren kann man hier mittlerweile, nicht nur an der Weinakademie. Der Wein ist sowieso der Beste und das Essen auch und Kunst und Kultur blühen und gedeihen. Und so weiter und so fort. Lauter Superlative. Was will man mehr? Würde uns die Welt besser kennen, die ganze Welt würde uns beneiden. Irgendwie fehlt aber auch immer was, wenn ich übers Burgenland sinniere. Zu viele weggegangen, zu wenige zurückgekommen. Von den jüdischen Gemeinden, unter begeisterter Mithilfe und Duldung so vieler ausradiert, ganz zu schweigen. Mit unserem *brain drain* füttern wir die halbe Welt. Ob das die Wiener und die anderen *Zuagroasten,* auch Slowaken oder Ungarn, auffüllen können, die sich um den See und anderswo fürs

Wochenende niederlassen oder auch auf Dauer? Mit der neuen Schnellstraße zur ungarischen Grenze wird auch das Südburgenland aufholen, zumindest an Anziehungskraft für *Fremde,* die billiges Bauland suchen. Und als *Südmolukker* aus dem *steirischen Kongo* sag ich dazu: Es fehlt mir auch die Mitte, das Zentrum, gar nicht so sehr geografisch gemeint, um das herum sich *Identität* ausbilden kann. In diesem Nord-Süd-hingestreckten Land, wo sich doch alle Teile Ost-West orientieren. *Haydn, Windräder* und *Uhudler* sind mir für eine *gemeinsame* Geschichte zu wenig. Aber 100 Jahre reichen auch nicht aus, um eine identitätsbildende Landesgeschichte zu schreiben. Soll mich das bekümmern? Denke nein. Das Burgenland war immer ein Durchzugsgebiet, ein randständiges Durch-Haus. Schon lange bevor es das Burgenland gegeben hat. Mein Gott, wer ist bei uns über die Jahrhunderte nicht aller durchgezogen. Wer ist uns von seiner Burg herunter nicht schon aller auf die Nerven gegangen. So was sitzen wir gemütlich aus. Im Norden wie im Süden. Das haben wir gemein. Irgendein Schenkhaus hat immer offen.

Franz Renner, Journalist ORF Ö1-Journale. Geboren (1962) und aufgewachsen im Südburgenland. Ab 1980 Lehramtsstudium in Graz, unterschiedliche Jobs ebendort. 1997 Wechsel nach Wien, ORF Radio und TV, danach Mediencoach und Kommunikationsberater. Seit 2011 Wohnsitz in Mattersburg. Seit 2015 wieder beim ORF in Wien. Verheiratet, drei Kinder, zwei davon werden im Burgenland großgezogen.

100 Jahre

Thomas Mayer

Mein Burgenland ist überall

Weites, flaches Land, kein echtes Zentrum, aber eine Landesgrenze immer in der Nähe. Das sind die äußeren Umstände, die das Leben der Burgenländer bestimmen. Großstädtisches Treiben sucht man vergeblich. Kirchtürme dominieren seit jeher die Ortsbilder, nicht Hochhäuser. Jahrhundertelang wurden die Familien in den Dörfern auf diesem schmalen Landstreifen von harter Feldarbeit geprägt, von Armut – und von Arbeitslosigkeit.

Aber gerade diese bescheidenen Gegebenheiten haben aus den Menschen in den klein- und kleinstbäuerlichen Gemeinden von Bonisdorf im Süden bis Kittsee im Norden oft Wanderer gemacht. Zehntausende emigrierten nach Amerika, wurden transatlantische Weltbürger oder zumindest Arbeitspendler nach Wien, von denen viele irgendwann ganz dort blieben. Auch wer eine höhere Schulbildung suchte, wer studieren wollte, musste fortgehen.

Ganz heimisch wurden viele in der Ferne dann freilich nie – nicht in New York, nicht in Chicago, nicht in Wien. Darin sind die Burgenländer den Iren nicht unähnlich. Sie pflegen ihre Herkunft und die Bindung zur „alten Heimat" über Generationen auf eine spezielle Weise. Aus Abschied und Wiederkehr wachsen Wehmut und eine große Sehnsucht zur Rückkehr bei denen, die fortgegangen sind, wie auch bei denen, die bleiben. Das Kommen und Gehen ist existenziell.

Das schlägt sich im „Gmiat" nieder, das diesen Menschen innewohnt – Gemütlichkeit, Gastfreundlichkeit, Bescheidenheit. Sie feiern gerne, und sie bewirten gerne. Beim Essen und beim Trinken, beim Empfang von Gästen, beim „Dischkurieren", beim Reden also, zeigt sich die Großzügigkeit. Bei Hochzeiten und Taufen, sogar beim Totenmahl biegen sich im Burgenland traditionell die Tische, so arm kann man gar nicht sein. Es ist eine Art Respekt vor dem Leben und dem Tod.

Das ist mein Burgenland. Es ist ein Land vom Kommen und Fortgehen, vom Zurückkehren und Wiederweggehen, vom Fernweh und vom Heimweh im Grenzland. Warum das so ist, lässt sich an Joseph „Joe" Baumann gut beobachten. Er stammt aus Poppendorf, einem Ortsteil von Heiligenkreuz im Lafnitztal im Süden. Dort setzte die Emigration nach Amerika bereits vor dem Zerfall der Monarchie ein. Nach dem „Anschluss" der weitgehend deutschsprachigen Dörfer in Westungarn an die junge Republik Österreich 1921 wurde sie noch stärker, in der Zwischenkriegszeit und auch nach dem Zweiten Weltkrieg. Die neue Grenze zu Ungarn forderte ihren Tribut.

Allein aus Poppendorf wanderten 372 Menschen, ein Drittel der Bevölkerung, nach Kanada oder in die USA aus, so viele wie aus keiner anderen Gemeinde. Baumann war kurz vor Abschluss des Staatsvertrages 1955 einer von diesen Auswanderern. Er hatte sich in eine New Yorkerin verliebt, die auf „Hoamatbsuich" war: Marion. Ihre Eltern waren in der Zwischenkriegszeit von Moschendorf im Pinkatal aus emigriert. Die in Amerika geborene Tochter war bereits US-Bürgerin. Joe und Marion heirateten. Nach vielen Jobs unter anderem als Anstreicher oder Fleischhauer stieg der Bauernsohn bei einem Reisebüro ein. Er organisierte Reisen von Exilburgenländern in die alte Heimat und engagierte sich in der Burgenländischen Gemeinschaft, die Traditionspflege betrieb. Und immer wieder wurden Freundschaftstreffen dies- und jenseits des Atlantiks organisiert. Im Burgenland selber fanden die berühmten „Picknicks" mit den US-Burgenländern statt. Die fielen nicht nur durch bunte Kleidung auf, sondern auch als großzügige Spender für die Verwandten und die Gemeindekassen.

Wenn man die Baumanns in ihrem Haus in New York besuchte, glaubte man sich in eine andere Zeit versetzt. Seine Frau Marion kochte auf wie bei einer Bauernhochzeit in Moschendorf, den besten Schweinsbraten aller Zeiten. Sie sprach neben New Yorker Slang nur „hianzisch"-burgenländisch, als lebte sie noch im 19. Jahrhundert: „Bui, tui eissan!" Nicht leicht zu verstehen.

Und Joe, ein lebensfroher, begnadeter Kommunikator, zeigte einem seinen größten Schatz: eine Streichholzschachtel. Er hatte sie bei der ersten Überfahrt über den Atlantik via Hamburg mitgenommen. Darin war Erde aus seinem Dorf mit einem Versprechen: Irgendwann werde er zurückkehren ins Burgenland.

Das erzählte er bei jedem Heimatbesuch, wohl 60 Mal und mit feuchten Augen, wenn er sich verabschiedete. Aber die Baumanns sind in den USA geblieben. Seine Frau ist gestorben. Joe lebt hochbetagt in seinem Haus in Queens in New York City. Auf einen Gedenkstein in Poppendorf ließ er eingravieren: „Dank an alle unsre Lieben. Der Heimat sind wir treu geblieben. Die Ausgewanderten."

Joe Baumann ist mein Onkel, der Cousin meiner Mutter, Marion war meine Tante. Von ihm habe ich frühzeitig mehr über Land und Leute gelernt als im Burgenland selber, wo ich zehn Jahre meiner Kindheit und Jugend

verlebt habe, bis ich zum Studieren nach Graz wechsel-
te, dann weiter nach Wien und Brüssel. Heimat verliert
man nicht, man nimmt sie mit. Das Burgenland und die
überragende Bedeutung von Grenzen habe ich kennen gelernt, als meine Eltern mit uns Kindern im Jahr 1970 nach
Heiligenkreuz übersiedelten. Ich war damals knapp acht
Jahre alt. In der neuen Heimat war ich also einerseits nur
ein „Zuagroaster", von weit her aus Telfs in Tirol, wo ich
meine frühe Kindheit am Fuße der Hohen Munde, eines
2662 Meter hohen mächtigen Berges, verbracht hatte. Der
verstellte den Blick. Aber von oben kann man unglaub-
lich weit sehen. Andererseits war ich auch im „tiefsten
Südburgenland", wie wir sagten, doch nicht fremd. Denn
der Großteil der weitverzweigten Familie meines Großvaters lebte dort. Von Ferienbesuchen kannte ich dieses
Neuland.

Viel größer konnte der Kontrast aus der Sicht eines
Volksschulkindes dennoch nicht sein. Ich konnte nur
Hochdeutsch und Tirolerisch, musste zum Gaudium der
Mitschüler „Oachkatzlschwoaf" und „Speckckknödel"
vorsagen. Sie riefen mir beim Fußballspielen „Schuis her,
tui weida!" zu.

In Tirol war es rau, im Winter kalt, rasch dunkel,
wenn die Sonne hinter Berggraten verschwand. Im Südburgenland war es flach, warm, hell, die Landschaft lange in Goldgelb getaucht, wenn im Sommer die Sonne
unterging.

Aber der größte Unterschied, das war die Grenze. Mit-
ten im Kalten Krieg lebten wir plötzlich am Ende der
Welt. Der Eiserne Vorhang war damals noch eine tödliche
Barriere. Dazwischen: das Niemandsland. So nannten die
Erwachsenen jene Zone, die sich zwischen all dem Sta-
cheldraht, den Wachtürmen, den Sandstreifen vor und

hinter den Grenzlinien durch die Landschaft zog. Die dort vergrabenen Minen auf ungarischer Seite waren erst in den 1960er-Jahren gesprengt worden. Wir Kinder wurden gewarnt, uns ja nicht zu nahe an dieses Niemandsland heranzuwagen. Dennoch, vielleicht gerade deshalb sind wir dorthin mit den Fahrrädern gefahren, haben rübergeschaut zu den Soldaten auf den Wachtürmen, bis sie ihre Gewehre zeigten, nur um uns zu erschrecken. Dann sind wir davongelaufen. 50 Jahre später ist von diesem Schrecken des Stacheldrahts nichts mehr übrig. Das Revolutionsjahr 1989, der Fall des Eisernen Vorhangs und später die EU-Öffnung brachten eine Jahrhundertwende. Die Grenzanlagen sind längst abgebaut.

Von Kittsee im äußersten Norden, wo es einen Ortsteil namens Chikago gibt – mit „k" geschrieben, so benannt von einem Amerikaheimkehrer – ist es heute nur ein Katzensprung in die Slowakei und nach Ungarn. Hier haben sich viele Slowaken angesiedelt, die täglich zur Arbeit nach Bratislava zurückpendeln.

Weiter südlich strömen tausende Pendler von Ungarn ins Burgenland. Sie halten die Tankstellen, Restaurants, Krankenhäuser, die Haushalte am Laufen, machen Pflegedienste für die Alten.

Im Jahr 1892, als mein Großvater in Heiligenkreuz als Bauernbub auf die Welt kam, war es umgekehrt. Da waren die „Burgenländer" noch Ungarn. Sie gingen oder fuhren aus ihren Dörfern zwischen den Flüssen Raab, Lafnitz und Pinka Richtung Osten. Das Komitat Vas (Eisenburg) als Verwaltungseinheit gehörte während der Doppelmonarchie zu Westungarn. Arbeiten, Einkaufen, Amtsgeschäfte, das wurde ganz normal in den ungarischen Städten Szentgotthárd, Kőszeg, Szombathely, Vasvár oder Körmend erledigt. Mein Opa konnte auch

Ungarisch. „Ins Steirische", in die Universitätsstadt Graz, also Richtung Westen, das war für die Südburgenländer traditionell der andere natürliche Weg.

Das untere Südburgenland war schon immer ein ruhigerer, verschlafener, beinahe isolierter Landstrich. Eine Art burgenländisches Outback. Bei Bonisdorf im Bezirk Jennersdorf grenzen Slowenien und Ungarn an das heutige Burgenland. Die Landschaft hat etwas Verträumtes, Poetisches. Dieses Dreiländereck ist nun ein Ausflugsziel mitten im Wald, mit Trinkbuden im Sommer. Es ist als Schnittpunkt dreier Grenzen 1921 beim „Anschluss" des Burgenlandes an Österreich entstanden. Als der habsburgische Vielvölkerstaat sich auflöste, wurden die Grenzen zwischen Magyaren, Slawen und Deutschen nach dem Ersten Weltkrieg neu gezogen. Neumarkt an der Raab ganz in der Nähe ist ein schlichter und aus einem anderen Grund besonderer Ort: „das Künstlerdorf".

Dort hatte sich im Spätsommer 1968 der Schriftsteller und spätere Nobelpreisträger Peter Handke im „Daxhaus", einem Atelierhaus zurückgezogen und den Roman „Die Angst des Tormanns beim Elfmeter" geschrieben. Nur ein paar hundert Meter von Handkes Daxhaus entfernt, weiter Richtung Osten, beginnt heute im ungarischen Alsószölnök der Naturpark Örség im Komitat Vas, ein stiller, wunderschöner Flecken Erde. Aber historisch gesehen ist die Idylle von Örség trügerisch. Ör heißt übersetzt „Wache". Für die ungarischen Herrscher im alten Königreich, das vor mehr als 1000 Jahren entstanden war, dienten diese Dörfer als Grenzwächtersiedlungen. 1664 fand hier an den Ufern von Raab und Lafnitz eine der größten Feldschlachten der Türkenkriege statt, die Schlacht von Mogersdorf. Ein christliches Heer unter kaiserlicher Führung konnte den Vormarsch einer zahlenmäßig doppelt so starken osmanischen Streitmacht stoppen, die auf dem Weg nach Wien war. 13.000 Soldaten verloren auf den Feldern zwischen Heiligenkreuz, Mogersdorf und St.Gotthard ihr Leben. Zur Erinnerung an den Sieg wurde zum Jubiläum 1964 auf einem Hügel über dem Raabtal ein gigantisches Kreuz aus Beton aufgestellt.

Und auch am Ende des Zweiten Weltkriegs, im April 1945, war diese strategisch wichtige Stelle schwerstens umkämpft. Fast zwei Wochen dauerten die Kämpfe bis zur Befreiung durch die Rote Armee. Heiligenkreuz, das Grenzdorf auf österreichischer Seite, war zu 80 Prozent zerstört, wie kein anderes Dorf im Burgenland.

Grenzen und Krieg. Was es bedeutet, wenn man aus einem kleinen Land und aus einem Dorf an der Grenze kommt, wo man naturgemäß schnell an seine Grenzen stößt, hat der Luxemburger Jean-Claude Juncker im Jahr 2012 in Aachen erklärt: „Menschen, die an der Grenze wohnen, sind Grenzgänger, machen Erfahrungen mit Grenzen, und Erfahrungen mit Grenzen sind immer auch irgendwie Grenzerfahrungen." Er hielt dort die Festrede zur Verleihung des europäischen Karlspreises an den damaligen deutschen Finanzminister Wolfgang Schäuble, ein Grenzländer aus Freiburg in der deutsch-französischen Rheinebene.

Grenzen wecken die Neugier. Je schärfer sie bewacht werden, desto stärker wird der Wunsch, sie zu überschreiten, das Fremde zu entdecken. „Luxemburger wissen das in besonderem Maße, sie verstehen deshalb mehr von Europa und von den Menschen jenseits der Grenzen als andere". So redete Jean-Claude Juncker, der zwei Jahre später Präsident der EU-Kommission in Brüssel wurde.

Was bei ihm wie Sprachspielerei klang, hat einen tiefen Sinn. Im Süden von Luxemburg gibt es beim Dorf Schengen auch ein Dreiländereck – so wie in Bonisdorf. Dort stößt das Großherzogtum mit Deutschland und Frankreich zusammen, dort wurde vor 35 Jahren das „Europa der offenen Grenzen" geschaffen. Nur wenige Kilometer weiter findet man in den Wäldern noch heute viele Relikte einer anderen Grenze: die militärischen Befestigungen der Maginotlinie zwischen Frankreich und Deutschland. Sie steht als Sinnbild für die „Erbfeindschaft" von Franzosen und Deutschen, für zwei Weltkriege mit Millionen von Toten, für den Holocaust.

Es ist dieses Projekt der europäischen Aussöhnung, das verdeutlicht, wie sehr doch auch „mein Burgenland" diese ganz besondere europäische Geschichte hat, die bis heute wirkt. Und dass man im Kleinen beginnen muss, den Ereignissen und Hintergründen nachzuspüren, wenn man die großen historischen Zusammenhänge verstehen möchte – im eigenen Land, im Dorf, bei den ganz konkreten Lebensgeschichten.

Das gilt auch für meinen Großvater. Zwei Drittel seines Lebens waren vom kulturellen, ideologischen und kriegerischen Hin und Her im Grenzgebiet rund um sein Heimatdorf bestimmt. Als er 1892 auf die Welt kam, war das Ende der Donaumonarchie nicht absehbar. In den deutschsprachigen Siedlungen am Rand von Westungarn schwelten ab der Jahrhundertwende zwar die Konflikte um die „Magyarisierung" bzw. die Minderheiten- und Autonomierechte der Deutschsprachigen. Aber niemand dachte ernsthaft an Grenzverschiebungen oder daran, dass westungarische Dörfer sich der Steiermark anschließen könnten.

Diese Frage wurde nach dem Ende der Habsburgermonarchie und dem Ende des Ersten Weltkrieges virulent. Heiligenkreuz, wo der Großvater später Kaufmann und Gastwirt war, katholisch, der Monarchie verbunden, wurde zum Zentrum der „Anschlussbewegung" von 40 Dörfern. Sie sprachen sich in Abstimmungen für die neu geschaffene Republik Österreich aus, was Staatskanzler Karl Renner auch vertrat. Das politische Spektrum der Aktivisten für Österreich war breit, reichte vom Deutschnationalen Karl Wollinger über den Sozialisten August Mild bis zum Großvater, der sich den Christlich-Sozialen zuwandte. Es dauerte bis 1921, ehe die „Grenzfindungskommission" der Alliierten eine Entscheidung zu den neuen Grenzen traf. Mit den Jahren der Zwischenkriegszeit zerbrachen frühere Freundschaften. Mein Opa wurde Bürgermeister, Wollinger wurde zum politischen Gegner, als er sich den Nationalsozialisten zuwandte. Nach Hitlers Einmarsch und dem „Anschluss" an Großdeutschland wurde mein Großvater abgesetzt und musste in den Untergrund abtauchen. Der Sozialist Mild wurde verhaftet, Wollinger wurde Bürgermeister, legte das Amt aber aus Enttäuschung 1941 nieder. Nach der Kapitulation der Wehrmacht verlor der Mühlenbesitzer alles. Die russischen Besatzer setzten meinen Opa wieder als Bürgermeister ein, weil er als Anti-Nazi unverdächtig war. Mild blieb bis lange nach dem Krieg sein Freund.

Seit Jahrzehnten reise ich kreuz und quer durch das sich öffnende Europa, um darüber zu berichten – auch nach New York und in die Türkei. Aber erst Junckers „Philosophiererei", so nennt er das gerne, hat mir so richtig erschlossen, was ich tief im Inneren mehr ahnte als wusste und mit Kindheitserinnerungen verband: wie sehr dieser auf den ersten Blick unscheinbare schmale Landstreifen mit den Kultur-, Kriegs- und Religionswirren des Kontinents durchdrungen ist.

Thomas Mayer ist Europakorrespondent der Zeitung „Der Standard", 1962 in Baden bei Wien geboren, aufgewachsen in Tirol und im Burgenland, studierte in Graz Philosophie und Germanistik, lebt in Brüssel. Buchpublikation: „Frei in Europa – Österreich rückt ins Zentrum eines turbulenten Kontinents", „Styria premium 2014".

100 Jahre

Claudia Neuhauser

Der Mittelpunkt des Burgenlandes

Wo nicht viel ist, da muss was hin, dachten sich die Mittelburgenländer. Und so nahm die Vermessung der kleinen pannonischen Welt ihren Lauf. In Breite, Länge und Nullmeridian auf das antike kanarische Inselchen Ferro (heute El Hierro) und das englische Greenwich Bezug nehmend, kam Bedeutung in die geografische Bedeutungslosigkeit.

Der Mittelpunkt des Burgenlandes ward ge- und erfunden. Auf einer Anhöhe thront jetzt seit den 1990er Jahren ein mächtiger Basaltstein. Ein dreisprachiges Hinweisschild und natürlich eine asphaltierte Straße führen rasch zur Sehenswürdigkeit. Im autoverliebten Mittelburgenland soll niemand, Gott bewahre, den sanften Hügel zu Fuß erklimmen müssen. Auch wenn sich der Reiz der Landschaft erst durch die langsame Annäherung so richtig erschließt.

Doch Gott, oder wie ich es sehe wohl eher eine Göttin, hat gleich daneben, schon im 16. Jahrhundert, ihre Kapelle aufgeschlagen, Sankt Donatus sei Dank. Ganz ohne geografische Vermessung, aber mit dem Gespür der grundsteinlegenden Menschen, dass es sich hier oben um ein magisches Platzerl handelt. Mit Mispel- und Maronibäumen und einem Blick über die Reben, weit hinein in das Grenzland, bis nach Ungarn, wo das Mittelburgenland früher ja auch hingehörte. Von wo im Laufe der Geschichte oft Ungemach kam. Wo sich

Labanzen, Kuruzzen, Tür-
ken (Kruzitürken!), Kaiser,
Könige, Fürsten, Bauern,
Katholiken und Protestan-
ten, Habsburger und Anti-
habsburger die vielfältigsten
Todesstöße zufügten. Nicht
ohne zumindest für die Zeit
der Weinlese die Waffen ruhen zu lassen. Denn ohne
Rebensaft wäre das Morden
und Brandschatzen wohl

Donatuskapelle

noch schwerer zu ertragen gewesen. Den Wein hatten die
ewig Kämpfenden den Römern zu verdanken, die das Gebiet ihrer Provinz Pannonien einverleibt hatten.

57

Aus dem Osten rückte später die Rote Armee heran. Die Soldaten waren Befreier und Bedroher zugleich, wie sich die alten Kopftuchweiber beim allabendlichen Tratscherl am Bankerl nur ungern erinnern.

Die Nazis dagegen waren ein paar Jahre vorher aus allen Richtungen gekommen. Hatten Deutsche, Ungarn, Burgenlandkroaten, Juden, Roma und die Nachfahren allerlei anderer Donauvölkchen, die diesen Flecken Erde unter den Esterházys im Miteinander und Nebeneinander bevölkert hatten, aufgemischt und manche auch in ein ordentliches Gegeneinander getrieben. Und auseinander, ab in die Lager, ab in den Tod. Der große Bruch! Die Narben, die geblieben sind, kann man spüren und sehen, wenn man will.

An diesem Ort, wo die Donatuskapelle bis heute die Geschichten der Vergangenheit erzählt, hat in Sichtweite eine Kathedrale der Moderne die Lufthoheit übernommen: der Raiffeisen-Silo. Er verkündet selbstbewusst die in Beton gegossenen Verheißungen der Nachkriegsgenerationen.

Und an diese architektonische Bruchlinie zwischen gestern und heute wehte es mich zufällig hin. Mich, eine österreichische Europäerin, die sich schon in Hamburg, Mailand, London und Brüssel vorübergehend heimisch gewähnt hatte. Mehr noch als in Wien, dem man ja immer noch nachsagt, in Wahrheit ein Dorf zu sein.

Das burgenlandkroatische Dolnja Pulja, eine 500-Seelen-Gemeinde, sollte plötzlich neben Wien mein Zweitmittelpunkt werden? Laut durchschnitten von einer Bundestraße, die direkt in das ungarische Köszeg führt. Jetzt war ich wirklich in der Fremde angekommen. Ich, die Deutschsprachige, mit meinem Lebensmenschen, der das Kroatische wenigstens im Namen trägt. W. Erdelitsch, der auf den Spuren seiner südsteirischen Kindheit, mich im Schlepptau, ganz plötzlich in Unterpullendorf Wochenendwurzeln schlagen wollte. In einer feuchten Söllnerhütte, langgestreckt mit Lehmboden, Ziehbrunnen im Innenhof, kein Wasser, kein Strom, ein besserer Stall, mit dem Datum „1885" unter dem Giebel, und von der Rauchkuchl eingeschwärzten, holzwurmbevölkerten Holzbalken an der niedrigen Decke (Erklärung: Söllner, armer Kleinbauer, meist ohne eigenes Land). Umgeben von einem zauberhaft verwilderten Garten, der nur darauf wartete, urbar gemacht zu werden, so fanden wir damals. Und fanden Gabel, Messer und Allerlei, das die letzte altersverwirrte Bewohnerin vor ihrem Tod aus dem Fenster geschmissen hatte. Versuchte ihr Geist uns zu warnen? Vor der vielen Arbeit, die so ein altes Gemäuer bedeutet?

Auf dem Fenstersims überraschte uns des Morgens ein Willkommensgruß. Vorbeikommende alte Bäuerinnen legten uns Eier und Obst vor das Haus. Wir sprachen zwar verschiedene Sprachen, doch ihre Wärme und Freundlichkeit erreichten uns ohne Worte.

Wo, wenn nicht hier, konnten zwei vielreisende Städter mit furiosem Arbeitsstakkato die Rastlosigkeit loswerden, die ihrem Leben so selbstverständlich innewohnte? Die Sehnsucht nach Ruhe, die hunderttausendfach Österreicher landauf, landab zu Feiertagsnomaden macht, die sich jedes Wochenende gemeinsam beim Überholen durch die Autofenster beobachten, auf dem Weg ins Grüne. Diese Sehnsucht nach dem Wahren und Guten trieb auch uns. Das Dorf, Antipode des Urbanen! Wirklich?

Wir nähern uns, von Wien kommend, Stoob: das einstige Tontöpferdorf. Die ersten Supermärkte grüßen, Kik, Klipp und Takko sind auch schon da. Eine Hallenwüste aus globaler Wegwerfarchitektur leitet uns über-

gangslos weiter nach Oberpullendorf. Die Hauptstadt aller mittelburgenländischen Shopping-Citys. Komm, fahr schnell durch, doch vorher lass dein Geld da! Die Parkplatzflächen, unendlich. In einem Park gemütlich am Bankerl sitzen? Da empfiehlt sich wohl eher Wien!

Und dann noch, als letzte Machtdemonstration, kurz vor Unterpullendorf, die allerneuste Raiffeisen-Errungenschaft auf penibel versiegeltem Boden. Ein grünes Flachdachmonster, das Lagerhaus 2.0, das jetzt mit den Baumärkten um die Wette klotzt. Hier schlagen Bauern- und Städterherzen gemeinsam höher. Auch die Ungarn kommen gerne. Die Bundesstraße ist immer gut bevölkert, Autos, wohin man schaut. Zugstrecken? Schon lange alle aufgelassen. Von der Politik und ihren Wählern geförderte Blechlawinen, die nach immer neuen Umfahrungen verlangen. Die Ruhe im Dorf ist schon lange weg.

Doch nur Mut. Verborgen hinter den großen Holztoren liegen die leisen Schönheiten. Wenn man Glück hat. Dort überleben die Streckhofparadiese. Alte Zwetschken- und Kriacherlbäume, Walnüsse und Edelkastanien, die hier Kesten heißen und das Toktok des Buntspechtes, der das knorrige Holz schätzt. Schmale Gartenstreifen, die immer schmäler wurden, wenn die Bauern ihren zahlreichen Kindern die aufgeteilten Höfe vererbten.

In diesen Innengärten pulsiert das kroatische Leben. Zwischen Stadeln und aufgelassenen Ställen, wo Schwalben und draculaartige Fledermäuse ihre Heimat haben. Die Nachdenklichen unter den Pullendorfern haben ihren Gärten das Wilde nie ganz ausgetrieben. Auch die Brennnessel hatte ihr Platzerl. Besonders hinter diesen hohen Mauern hat der Charme des kleinbäuerlichen Mittelburgenlandes überlebt.

Oder auch nicht. Die sirenenhaften Gesänge pflegeleichter Gartenverheißungen wabern von den Gartencentern der Baumärkte aus über das „schöne Österreich". Warum also nicht auch hier? Viele Nachfahren der kleinbäuerlichen Kultur sind schon den Gesängen erlegen. Die Thujen-Beton-Golfrasen-Umgestaltung der ererbten Bauerngarterl nimmt hinter und vor den Mauern ihren Lauf. Im pannonischen Klima nähren sie eine Illusion, die ohne allerlei Gifte und sehr viel Wasser die trockenen, heißen Sommer nicht überleben kann. Sei's drum. Dafür blühen die Gartencenter der Baumärkte, die Lagerhäuser schlagen aus.

Als auch der letzte kleine Rinderbauer aus Dolnja Pulja seinen Stall zusperrte, wir schreiben die 1990er Jahre, da feierten die EU-Stilllegungsprämien fröhliche Urständ. Die kleinen Weingärten am Fuße der Donatuskapelle werden Brachland. Doch diese liebevoll gepflegten kleinteiligen Landschaftsgärten, die von den Müttern an die Töchter vererbt werden, erblühen seit ein paar Jahren zu neuem Leben. Knochenarbeit für wild entschlossene junge Männer und Frauen, die verwilderte Flächen wieder urbar machen, um junge Rebstöcke zu pflanzen. Sie dürfen ohne giftige Sprühnebel groß und stark werden.

Handarbeit, die es mittlerweile auch auf einem „Markt der Erde" im schon in der Jungsteinzeit besiedelten Nachbarort Lutzmannsburg zu verkosten gibt. Baden kann man dort ganz nach Belieben, im Thermalwasser oder im blaufränkischen Rotwein-See.

Die Jungen in unserem Dorf sind heute selbstbewusste Burgenlandkroaten. Entdecken die alten Lehmgemäuer neu, die oft für Eltern und Großeltern noch zu sehr nach feuchter Armut rochen. Mit dem einsetzenden Nachkriegswohlstand waren etliche dieser alten Streckhöfe durch Kunststofffffenster-Farbenvertreter, die durch die Dörfer zogen, ihrer Würde beraubt oder gleich ganz zerstört worden.

Auch das Burgenlandkroatische wurde nach Jahrzehnten der Geringschätzung aus den Kellern des Vergessens befreit. Gemeinsam mit dem Ungarischen, das in Oberpullendorf und Oberwart in die Klassenzimmer zurückgekehrt ist.

Es wird wieder in allen Sprachen gesungen und gefeiert, bei uns in Alsó-Pulya-Dolnja Pulja oder Unterpu, wie *ich* es zu nennen pflege; Schnaps wird aus alten Obstsorten gebrannt, Naturweine werden verkostet und vegetarische Heurige veranstaltet, die weit über Unterpullendorf hinauswirken und sogar bei Anhängern des Schweinsschnitzelkultes auf Neugier stoßen. Hier blüht ein menschliches Miteinander, das das Dorf attraktiv macht. Kreativ, fröhlich, offen für Neues, dem Alten zugetan. *Živeli!*

Der Mittelpunkt des Burgenlandes ist nicht mein Lebensmittelpunkt geworden. Aber immerhin, mein Lebensmensch und ich, wir haben einander dort das Ja-Wort gegeben. Sohn Julius wurde dort geboren und getauft. Das Kircherl, wie ich es nenne, hat einen neuen Anstrich bekommen. Wenn der Frost kommt, dann reifen die Mispeln und werden süß wie Feigen. Unser wilder

Garten ist noch wilder geworden. Doch die Glühwürmchen sind schon seit Jahren verschwunden. Wohin bloß?

Die Schönheit des Ortes liegt besonders in seinen Menschen. Und in der Wertschätzung der Jungen für ihr ganz eigenes, vielsprachig-buntes Erbe. Ihre Identität, das „Anders-sein-Wollen" als die Mehrheit, ist wieder ein Wert. Das Wunder des Wohlstandes hätte das Einzigartige fast unter sich begraben. Aber die Jungen haben es wachgeküsst.

Claudia Neuhauser, in Wien geboren, in Hamburg das Abitur gemacht, in Mailand und London gelebt. 1986 beim ORF begonnen, ZIB 1+2, Inlandsreport, Auslandsreport, Radio, Report international und Weltjournal/Weltjournal+. Kriegsberichterstatterin in Sarajewo, Korrespondentin in London und Brüssel. Seit Juli 2020 im Vorruhestand. Ehe, Fortpflanzung und Baumpflanzung geschafft. Offen für Neues.

100 Jahre

Martin Mostböck

Ein Hoch der Geschwindigkeit

„Diejenigen, die immer träumen,
sind wach und sehen die Dinge, die andere nicht sehen,
die nur träumen, wenn sie schlafen."
E.A. Poe

Der Ursprung meiner Erinnerung, meiner „Mental-Map",
ist das Pannonische Becken, auch Pannonische Tiefebene
genannt. Sie ist Teil meiner Kindheit und frühen Jugend
und hat mich stark geprägt. Meine Erinnerung reicht zurück bis ins Jahr 1967 und zu meinen ersten Gehversuchen
in unserem Garten, diesem ersten Gefühl von Freiheit,
ausgelöst von der Möglichkeit aufzustehen und hinzu-
gehen, wohin man will.

Wo mich das hingeführt hat? Unter anderem ins Museum of Arts and Design in New York, wo mein „Best
Friends Chair" in die permanente Sammlung aufgenommen wurde.

Dieser Sessel, eigentlich gar kein Möbel im herkömmlichen Sinn, ist eine persönliche Katharsis, eine Auseinandersetzung mit einem destruktiven Spannungsfeld in
einer engen Freundschaft, die schlussendlich auch aufgelöst wurde. Ohne diesen zermürbenden Ausgangspunkt
wäre ich nicht in die Situation geraten, den „Best Friends
Chair" zu entwerfen. Ich bin bis heute nicht sicher, ob
das Gegenüber jemals bemerkt hat, wozu mich diese Situation inspiriert hat.

Abb. 1: „Best Friends Chair", Sperrholz, Hacke, Hackenstiele, Konzept/ Prototyp (1992/1998), Museum of Arts and Design, New York, MAK Österreichisches Museum für angewandte Kunst/ Gegenwartskunst, Wien

Aufgewachsen und zur Schule gegangen bin ich in den späten 1960er und den frühen 1970er Jahren in Eisenstadt. Eine sehr freigeistige Zeit mit abenteuerlichen Radausflügen mit den Kindern aus der Nachbarschaft, die dann schon kurze Zeit später in Moped- und Rollerausflüge übergingen, bei denen wir aufpassen mussten, dass die Exekutive nicht erkannte, wie alt wir wirklich waren. In diesem abenteuerlichen Spannungsfeld jenseits der Helmpflicht entstanden Anfang der 1970er Jahre erste Freundschaften, die teilweise noch bis heute Bestand haben. Ich erinnere mich an Ausflüge und Touren durch die flache Landschaft, die Eisenstadt umgibt, oder an Expeditionen ins Leithagebirge. Dazu kamen teilweise waghalsige Schussfahrten mit Freunden mit dem Rad von der Eisenstädter Gloriette hinunter, weil ich einen neuen Tachometer geschenkt bekommen hatte und wir gleich austesten wollten, ob die angeschriebenen 80 Kilometer/Stunde von dort oben hinunter wirklich möglich sind. Ich erinnere mich an ebenso grenzwertige Manöver mit fast allem, was zwei Räder hatte und motorisiert war. An Motocross mit einer 50-Kubikcentimeter-Vespa über den Hügel am Nachbargrundstück, an endloses Herumzangeln an einer KTM Pony II oder querfeldein Ausflüge mit einer Motograziella über frisch gepflügte Felder. Irgendwie habe ich damals eine große Leidenschaft für motorisierte Zweiräder entwickelt und dabei sind nicht immer alle Räder (vor allem das vordere) am Boden geblieben. Diese Leidenschaft spielt nach wie vor eine Rolle in meinem Leben. Es ging da immer um Räder und Geschwindigkeit.

Mein Vater war Architekt mit Büro in Eisenstadt, sodass ich in der Umgebung von Modellen, Plänen, Stiften, Tusche, Transparentpapier und Ähnlichem aufgewachsen bin, Dinge, die mir dadurch schon vertraut waren und mich auf meinem späteren Lebensweg begleiten sollten.

In der Schule erkannte ich, dass die herkömmlichen Schreibgeräte sich für mich besser zum Zeichnen als zum Schreiben eigneten. So entwickelte sich schon sehr früh meine Affinität zum Zeichen- und Werkunterricht, wo ich zwei prägende Lehrer, Karl-Heinz Kovacs und Josef „Peppi" Pauleschitz kennen lernte, zu denen ich bis heute noch persönlichen Kontakt pflege. Die Offenheit dieser beiden besonderen Persönlichkeiten und ihre Nähe zur Kunst machten den Unterricht zu etwas ganz Speziellem. Sie waren unkonventionell in jeder Hinsicht: Beispielsweise bekamen wir eine zweistündige Nacherzählung des gerade aktuellen Science-Fiction-Films „Alien" und die darin „anders" dargestellte Zukunft, eine Dystopie, die mich über Umwege zu meinem späteren Lieblingsregisseur Ridley Scott geführt hat. Neugierig gemacht auf diesen Film, haben sich ein Schulfreund und ich ins Kino geschummelt, waren doch mit unseren 13 Jahren zu jung, um diesen Film ansehen zu dürfen.

Diese für einen Heranwachsenden im Burgenland ungewöhnlichen Erlebnisse haben in mir etwas ausgelöst, das in weiterer Folge zu meiner Berufswahl geführt hat. So bin ich heute noch dankbar, dass die beiden herausragenden Lehrer mir auf unkonventionelle Weise gezeigt haben, dass man über den Tellerrand schauen soll und sogar schauen muss.

Diese außerordentliche Herangehensweise zeigt sich sehr gut an einem Projekt, das Pauleschitz gemeinsam mit meinem Vater in Bad Tatzmannsdorf verwirklicht hat: die 1968 eingeweihte katholische Kirche, die mein Vater plante und zu der „Peppi" Pauleschitz den Christus am Kreuz am Vorplatz schuf. Diese unkonventionelle Interpretation des Christus ist heute noch bemerkenswert und war es sicher zur Zeit der Aufstellung noch viel mehr. Die Darstellung auf vier abstrakten vertikalen Stützen zeigt die unorthodoxe Art und den intellektuellen Zugang von Josef Pauleschitz, sich dem Thema zu nähern. Unter Weglassung des vorhersehbaren römischen Kreuzes wird die Thematik neu interpretiert, in einen zeitrichtigen Kontext gesetzt und der Zusammenhang zwischen Himmel und Erde visuell verstärkt dargestellt.

Abb. 2: Römisch-katholische Kirche Bad Tatzmannsdorf (1968), Entwurf:
Arch. Mag. Friedrich Mostböck (1926–2002);
Foto: © www.ueb.at

Mein Vater hat damals für die Kirche auch die Innen-
einrichtung und die Bestuhlung entworfen und diese mit
einem lokalen Möbelhersteller, Braun aus Lockenhaus,
umgesetzt, der auch in meinem Berufsleben eine große
Rolle spielen sollte – aber davon später. Ich zog nach der
Schule nach Wien, um an der Technischen Universität
Architektur zu studieren. Dieses Studium war relativ
langwierig und aufwändig, und weil ich den Eindruck
hatte, dass die Architektur für mich zu langsam ist (können doch vom Entwurf bis zum fertigen Gebäude leicht
ein paar Jahre vergehen), fing ich an, mich mit Design
zu beschäftigen. Dieses Fach wurde damals zwar an der
Technischen Universität nicht unterrichtet, trotzdem begann ich, eigene Entwürfe in die Realität umzusetzen. Es

entstanden Anfang der 1990er Jahre erste Designentwür-
fe, die schon eine gewisse Affinität zur Kunst hatten und
etwas Experimentelles, verbunden mit einem Hauch Iro-
nie zeigten. So entwickelte ich aus Langeweile ein zweites
Standbein, das immer tragfähiger und wichtiger für mich
wurde.

Nach dem Diplom begann ich dann bei Coop Himmel-
b(l)au an verschiedenen Architektur-, Designprojekten
und Wettbewerben zu arbeiten. Diese Zeit war ebenfalls
sehr wichtig für mich, da ich mit Wolf Prix und Hel-
mut Swiczinsky auch zwei prägende Personen kennen
und schätzen gelernt habe, die durch ihre kompromiss-
lose und unbeugsame Art, Architektur zu machen, einen
weiteren Schritt in meiner eigenen Entwicklung auslös-
ten. Dort habe ich auch gelernt, andere Sichtweisen und
Standpunkte sehen zu können und zuzulassen. „Open
mind for a different view", das ist zwar eine Textstelle aus
„Nothing Else Matters" von Metallica, passt aber sehr gut
in den Kontext. In dieser Zeit hat sich für mich der Kreis
zwischen Architektur und Design geschlossen und meine Affinität zu den großen italienischen und skandinavi-
schen Vorbildern (Castiglioni, Mendini, Aalto, Saarinen
und Jacobsen) geformt. Architektur und Design waren
auf einmal nicht mehr zwei getrennte Sparten, sondern
sie wurden zu einem Ganzen.

So entwickelte sich auch meine Zusammenarbeit mit
Braun Lockenhaus. Der Inhaber Lambert Gneisz hatte
mich nach meiner Ausstellung „möbel '98" in der Cselley-
Mühle zu einem Gespräch eingeladen. Daraus entstand
mein erster Seriensessel, der „Garcia".

Abb. 3: „Garcia Chair", MAK – Edition, MAK – Österreichisches Museum für angewandte Kunst/Gegenwartskunst, Wien (2007); Foto: © MAK

Er wurde nach einer relativ kurzen Entwicklungszeit in verschiedenen Großprojekten, wie der BA/CA-Halle im Wiener Gasometer eingesetzt. Ein Jahr später wurde „Garcia" in einer eigenen Ausstellung im MAK (Österreichisches Museum für Angewandte Kunst) präsentiert und in die permanente Sammlung des Museums aufgenommen. Auf meine Frage an Lambert Gneisz, wie lange sich denn so ein Sessel verkaufen lasse, meinte er damals: „Herr Architekt, in drei bis vier Jahren ist das wieder vorbei." Zum Glück hat sich Lambert Gneisz geirrt, „Garcia" wird bis heute hergestellt und verkauft sich immer noch sehr gut.

Während der Zusammenarbeit mit Braun Lockenhaus habe ich den dortigen Verkaufsleiter Paul Lehrner kennen gelernt, der neben seinem Hauptberuf mit seinem Sohn Michael das Weingut Iby-Lehrner in Horitschon betreibt. Er hat mich vor ein paar Jahren gefragt, ob ich den Umbau seines seit Jahren leerstehenden Elternhauses planen wolle. So ist nach meinem Entwurf das „House for a Winegrower" entstanden.

Wir haben hier Tradition und Zeitrichtiges ohne Behübschung und Verzierung zu einem Ganzen gemacht, das im Sinne einer Weiterentwicklung von Tradition für sich selbst spricht, ohne zu einer angepassten und putzigen Erscheinungsform zu werden. Ein Experiment, Mo-

Abb. 4: „House for a Winegrower", Paul und Evi Lehrner, Horitschon (2016)

dernes ganz bewusst und hart direkt in Bestehendes zu implantieren, um daraus einen neuen, modernen Kontext zu entwickeln. Dieses Projekt wurde 2018 mit folgender Begründung mit dem Architekturpreis „Das Beste Haus" ausgezeichnet:

> Dieser Entwurf entwickelte sich aus den bestehenden Gebäuden, die typisch burgenländische Zeilenbebauungen mit weitläufigem Garten sind. Sie werden entkernt, zu großzügigen und zeitrichtigen Räumen erweitert. Außerdem werden „maximale" Aus- und Durchblicke in die umgebende Landschaft geschaffen. Die Wohn- und Essbereiche werden zum Dachraum geöffnet; so entstehen auch in der vertikalen Achse weitläufige Innenräume. Der Bereich im vorderen Teil wird durch „Herausschieben" zu einem Wintergarten, der die Wohnzone vergrößert, Licht ins Gebäude bringt und auch Ansatz für das neue, verbindende „Gelenk" ist. So entsteht eine erweiterte Wohnzone mit angeschlossener Sanitär- und Schlafzone. Im Obergeschoss befindet sich ein zusätzlicher Gästebereich. Das verbindende Element, „die Rampe", bildet einen zusätzlichen Raum und transitorischen Bereich, der den neuen, ebenfalls aus dem Bestandsgebäude „geschobenen" Gästebereich erschließt und zum markanten Zeichen wird. Durch diesen Rampenkörper werden die verschiedenen Raumfunktionen gefasst und der Zusammenhang im neuen Raumgefüge hergestellt. Die Blickbeziehungen aus dem Gebäude zum Garten werden zum integralen Bestandteil des Konzeptes. So wird das Grün „scheinbar" ins Haus geholt und eine Beziehung des Bewohners zur Umgebung und dem Wandel der Jahreszeiten geschaffen

Abb. 5: Konstantin Chair
Restaurant Konstantin Filippou
(2019), Eiche gebürstet,
schwarz beschichtet, Leder,
Messing

Die Zusammenarbeit und Freundschaft mit Paul Lehrner hat sich vor zwei Jahren weiter intensiviert, als wir einen meiner neuen Entwürfe, den „Konstantin Chair", entwickelt haben.

Dieser „Fine Dining Chair" entstand für das Hauben-und-Sterne-Restaurant Konstantin Filippou in der Wiener Innenstadt und zeichnet sich durch spezielle Details aus, die mit Greifen und Griffen wie Pfannen und Messern zu tun haben. Die Sessel wurden aus lokalen und nachhaltigen Materialien hergestellt, die aus einem Umkreis von rund 100 Kilometern um Lockenhaus stammen. Das drückt indirekt meine Verbindung mit dem Burgenland aus, die für mich mit dem Zitat von Edgar Allan Poe perfekt beschrieben ist:

Diejenigen, die immer träumen, sind wach und sehen die Dinge, die andere nicht sehen, die nur träumen, wenn sie schlafen.

Martin Mostböck, geboren 1966 in Wien. Er absolvierte ein Diplomstudium der Architektur an der TU Wien, arbeitete bei Coop Himmelb(l)au und gründete schließlich sein Studio Martin Mostböck. Seine Arbeiten finden sich in renommierten Museumssammlungen wie dem Museum für Arts and Design/New York, dem Design Museum Holon/Tel Aviv und dem Museum für Angewandte Kunst/Wien.

Wolfgang Weisgram

„Hey, Joe" oder: Wie einer ein Burgenländer geworden ist

Ein beinahe wahrhaftiger Bericht mit womöglich sogar einer Moral von der G'schicht

Ich bin ein Konvertit: Geborener Niederösterreicher und gelernter Wiener, bin ich längst zum überzeugten, bekennenden Burgenländer geworden. Es ist also Vorsicht geboten. Ganz darf man mir nicht trauen. Konvertiten neigen bekanntlich zu Übertreibungen. Sie sind – hierin bin ich beiläufig ein Experte – nicht selten päpstlicher als der Papst. Oft geraten mir daher Geschichten, die ich über diesen Landstrich am Ostrand von Österreich und am Westrand des Karpartenbeckens verfasse, zu einer Art Enzyklika: De rerum pannonicae.

*

Eigentlich bin ich ins Burgenland gestolpert. Aber wie wir wissen, gibt es keine Zufälle. Also muss es wohl Vorsehung gewesen sein, die mich in Wien – man führte da ein studentisches Lotterleben und trieb sich herum – bald Anschluss finden ließ an eine der im Burgenland bis heute recht festgefügten dörflichen Burschenschaften, die, so großstädtisch können sie sich gar nicht gerieren, die Nabelschnur zum Dorf nie durchtrennen (den Waldviertlern darin nicht unähnlich).

Diese burgenländischen Burschen und Mädel führten in Wien nicht minder ein Lotterleben, trieben sich ebenfalls herum, waren auch mit den Burschen und Jungfern anderer Dörfer bekannt, sodass sie, dörfliche Zwiste beiseitelassend, fast heimattrunken bekunden konnten: „Burgenländer samma!" Und so zog man lotternd da hin und dort hin. Ließ – mir im Herzen rechtschaffen wohltuend – den Herrgott gerne einen guten Mann sein. Ehe man sich's versah, war man schon in Wien mit dem halben Burgenland bekannt.

So hat eines das andere ergeben. Als das Leben seinen Lauf genommen hat – Vater, Mutter, Kind –, stellte sich die Frage, was mit dem und durch das Kind nun zu tun wäre, nur pro forma. Die Mutter und der Vater, beides durchaus Landeier, fanden es nicht nur in alltagstechnischer Hinsicht klug, als je Einzelne die Last des Pendelns zu schultern, anstatt als Nichtpendler wie Hubschrauber überm Nachwuchs zu kreisen. (Das Wort „Helikoptermutter" gab es damals noch nicht, aber wir hatten doch eine recht genaue Vorstellung von so einer.)

Zu Beginn der 1990er Jahre ist das gewesen. Das erwählte Wohnhaus war ein Bastlerhit. Aber damals leitete uns der fast schon pannonische Häuselbauerblick, mit dem einer nur das erträumte Resultat sieht, nicht aber die dafür erforderliche Arbeit. Dafür lässt sich dann, wenn diese Arbeit getan worden ist, sagen: „Wenn wir das gewusst hätten …"

Dem Bastlerhit gegenüber ist die Volksschule. Nichts befördert die Integration mehr, als ein Kind in die Schule zu schicken, mit den anderen Eltern zu bangen, sich zu freuen, zu ärgern, zusammenzuhocken. Damals – noch bevor die neue Zeit drüberfuhr wie eine Walze – gab es in dem nicht ganz 2000-Einwohner-Dorf, in dem wir nun siedelten, zwei Bäckereien, eine Fleischerei, eine Greißlerei, eine Tabaktrafik, einen Gendarmerieposten, ein Postamt, zwei Tagescafés, zwei Nachtcafés, ein Bordell,

ein Chinarestaurant, fünf Wirts- und zahlreiche Schenk-
häuser. Ich verkehrte da und dort zuweilen. Auch das hat,
no na, was Integratives. Wird die Zunge lockerer, rückt
man enger zusammen. (Und dann und wann sagt man
zum Schankwirt: „Geh, bring noch a Runde!")

Ein Mitschülervater, mit dem ich zuweilen in so einer
Runde hängengeblieben bin, trug jeden 18. September
eine schwarze Armbinde, zum Gedenken an Jimi Hen-
drix. „Hey, Joe!", prostete ich ihm manchmal zu. Und
insgesamt verdichtete sich bald der Eindruck, es könnte
uns hier passen. Heutzutage würde man wohl sagen: „Es
fühlt sich gut an."

*

Der Burgenländer und seine Burgenländerin sind in aller
Regel offenherzige Menschen. Ich darf das sagen, weil ich
elterlicherseits aus dem obersten Waldviertel stamme, wo
die Menschen – gepeinigt von den schaurigen Nebeln, der
oft nordischen Kälte und dem schneidenden böhmischen
Wind – ein wenig verschlossener sind als anderswo. Ver-
gleichbar den Finnen, von denen nur ganz selten jemand
behauptet, sie wären lustige Kampl. Manche sagen ja, das
folge einer gewissen klimatophysiologischen Logik. Der
Kopf ist – neben allem, das er natürlich auch ist – jener
Körperteil, über den man sehr schnell sehr viel Körper-
wärme verliert. Jedes unnötige Wort kann gesundheits-
bedrohlich sein.

Dagegen die Burgenländerin und ihr Burgenländer!
Ihre ausdrückliche Leutseligkeit ließe sich, will einer bos-
haft sein, auch als brennende, stierlnde Neugier interpre-
tieren. Für jeden Zuagroasten ist diese allerdings auch
oder vor allem ein sperrangelweit offenes Integrationspor-
tal. (Mundfaul freilich solltest du halt nicht sein.)

Wenn du aber – nur ein Beispiel – dem fratschelnden Nachbarn was erzählst, weiß es am Tag nachher auch die Bäckin, dann der Wirt, über den Pfarrer wandert das Wissen weiter zum Greißler, zur Lehrerin und so weiter und so fort. Man kann das natürlich Tratschsucht nennen. Und meist funktioniert es nach dem Prinzip der stillen Post. Was aber auch nichts macht, weil eh niemand Scheu hat nachzufragen, sodass du jederzeit das so entstandene Gerede richtigstellen kannst. Das gelingt, wenn das Richtiggestellte spannender und farbenfroher – und somit glaubwürdiger – ist als das Richtigzustellende. Man fügt also – auch aus Faulheit, da das Hinzufügen einfacher ist als das Richtigstellen – ein paar bunte Schnurren hinzu. Ja, manche würden vielleicht sagen, man trägt ein bisserl dick auf. Aber so eben macht das Dorf sich nach und nach ein Bild von dir. (Und du dir vom Dorf.)

Wenn du dann noch durchblicken lässt, dass das Fußballspielen ein peripheres (oder auch gar nicht so peripheres) Interessengebiet von dir ist, gerätst du bald ins Fachsimpeln. Umgekehrt kennst du bald die Spieler, Trainer, Schiedsrichter, wirfst Schmähworte auf den Platz. Innerhalb kurzer Zeit bist du zugelassen als Gasthocker in so manchem Wirtshaus. Über kurz oder lang wird die Wirtin, kommst du schwungvoll bei der Tür herein, sagen: „Hey, Joe!"

Und so wirst du ein Burgenländer.

*

Mir – dem geborenen Niederösterreicher und gelernten Wiener – war das Burgenland stets ein auch politisch vergleichsweise offenes, ja liberales Land. Rückständig? Ja! Zuweilen auch mich zum Lachen reizend? Gewiss! Verzopft? Auch das! Ein großherrschaftliches Untertanenge-

tue verkörpernd? Das sowieso! Nepotismus, Günstlings-
wirtschaft, Parteibuchunwesen? Aber wie!

Doch es hatte sich hier – anders als etwa in Niederösterreich oder Wien – doch die Daseinsphilosophie des
Lebens und Leben-Lassens in vielerlei Hinsicht auch in
der politischen Prozedur gespiegelt. Vom kulturellen Leben ganz zu schweigen. Vom Künstlerdorf in Neumarkt
an der Raab bis hinauf nach Oslip – die Politik tat lange
Zeit, wie es mir am liebsten ist: Sie steht daneben und
dient bloß dem, was die Leute sich vorgenommen haben.
Heute ist das umgekehrt. Damals schwebte noch der
Geist des Fred Sinowatz überm Land. „Ich weiß nicht,
was ich eröffne", sagte er, als er 1976 die Cselley-Mühle
eröffnete, „aber ich eröffne es." Genau so soll es sein.

Es war insgesamt dörflicher. Nach der Gemeinderats-
sitzung geht man auch noch ins Wirtshaus. Und alles,
worüber zuvor gestritten wurde, löste sich – „Hey, Joe!" –
sehr bald, wenn schon nicht zum allseitigen Wohlgefal-
len, so doch zuweilen wie durch Zauberhand. Das sind
die praktischen Segnungen der Redseligkeit.

Heute ist das anders, eine Spur gehässiger geworden.
Nicht nur, dass man einander „krummen Hund" heißt.
Man meint es oft auch so. Ich kann nicht sagen, wann
oder womit genau das angefangen hat. Wahrscheinlich
war es unausweichlich, war es ein Teil des vielbeschwo-
renen Aufholprozesses, der mit dem EU-Beitritt Österreichs und dem damit verbundenen kontinentalen Arm-
utschkerl-Finanzausgleich namens Ziel-1 begonnen hatte.
Das Burgenland ist, indem es moderner geworden ist,
auch weniger burgenländisch geworden. Ob zum Schaden oder zum Nutzen, wage ich nicht zu beurteilen. Geld
verdirbt den Charakter, sagt man, und man sagt es wohl
zu Recht. Fehlendes Geld aber tut dies nicht minder. Und

vom Geld, das zum Fenster hinausgeworfen oder aus dem Taschl gezogen wird, wollen wir erst gar nicht reden.

Das Bescheuerte und Fiese, das Hirnrissige und das Rückwärtsgewandte, das Habgierige und das gegenseitige Wasserabgraben, das Kleingeistige und Engstirnige: Das alles ist mir keineswegs unbekannt. Ich schreibe ja seit mehr als einem Vierteljahrhundert darüber. Aber seit noch länger lese ich die Berichte der Kolleginnen und der Kollegen von anderswo. Die klingen nicht anders. Das Burgenländische am Burgenland lässt sich über sowas – WBO-Skandal, Bewag-Skandal, Bank-Burgenland-Skandal, Begas-Skandal, Commerzialbank-Skandal – nicht annähernd beschreiben.

*

Mein Burgenland, jenes Land, in das ich gesiedelt und in dem ich heimisch geworden bin, war stets ein anderes, weiteres. (Und wenn ich darüber schreibe, wohl auch weitschweifigeres.) Immer wieder versuche ich, meinen Lesern zu erzählen, dass das Burgenland seinen Reiz, seine Kraft, seinen Zauber daraus schöpft, größer zu sein, als es tatsächlich ist. Und zwar innerlich und äußerlich gleichermaßen. 1000 Jahre ungarische Geschichte lassen sich nicht so mir nix, dir nix abschütteln. Und der Umstand, dass im Burgenland relativ friktionslos mehrere Alltagssprachen gesprochen werden, war mir stets der Beweis, dass in dem kleinen, unscheinbaren, unauffälligen Landstrich mehr, Reichhaltigeres schlummert.

Ich rede gerne vom „potentiellen Burgenland". Vom möglichen Burgenland. Denn wenn es – 'tschuldigung, ich bin belesen – wirkliche Länder gibt, so muss es auch mögliche Länder geben. Das ist nicht ungefährlich, gewiss. In jedem Konjunktiv versteckt sich eine sorglose Anmaßung. Aber war andererseits das tapfere Schneiderlein mit seiner großsprecherischen Schärpe nicht auch ein bloßer Hättiwari? Dass mir das Burgenland stets als jener Landstrich erschienen ist, der hinter den sieben Bergen liegt – Leithaberg, Brennberg, Csaterberg, Wörterberg, Burgauberg, der G'schriebene und die brave, wetterscheidende Rosalia –, hängt möglicherweise auch damit zusammen, dass ich mich auch von der Maschekseite aus, *a másik oldaról,* genähert habe.

Bevor ich ins Burgenland gekommen bin, war ich nämlich schon im Ungarischen gewesen. Die Frau trieb sich im Wiener Off-Theaterwesen herum, das tat dann auch eine Budapester Tanztheatertruppe, in die wir bald uns so sehr verwickelt hatten, dass die Frau darangegangen war, dem Hirngespinst einer gemeinsamen Produktion für ein neues Theaterformat der Wiener Festwochen nachzujagen. Das gelang, zu unser aller Überraschung. Enervierend mühselige Gängelungen im Budapester Kulturministerium, kleinlichste Bürokratismen, undurchschaubare Ausreise- und Valutaformalitäten ließen die Frau einen kurzen Blick ins realsozialistische Endstadium werfen. Ein Blick, den sie auch gerne teilte mit mir: Es schaute nicht sehr vielversprechend aus.

Aber die ungarischen Freunde, vor allem ein schon etwas älterer Herr, der 1956 über Ágfalva und Schattendorf ins freie Europa gelangt war, schärften uns den Blick aufs auch Ungarische des Burgenlandes. Zumal die Frau Kind vertriebener Donauschwaben war, deren Wurzeln in der nunmehr jugoslawischen Batschka lagen. Auch László Fülöp, der nach Budapest heimgekehrte '56er, hatte dort Verwandtschaft. Das machte ihn unterm vermaledeiten Mátyás Rákosi zu einem titoistischen Verdachtsfall. Herkunft ist manchmal brandgefährlich.

Die Vojvodina und das Burgenland haben viel gemeinsam. Sie sind beides Randgebiete des Pannonischen. Der ursprünglich vorgesehene Name für den noch namenlosen, österreichisch werdenden Landstrich war Vierburgenland; abgeleitet von den vier Komitatshauptstädten Preßburg, Wieselburg, Ödenburg und Eisenburg. Aber Vier-, dann Drei-, schließlich nur Burgenland sollte ausdrücklich auch anklingen an Siebenbürgen am Ostrand des pannonischen Raumes.

Der nicht geringste Reiz des Burgenlandes ist es, dass man es gewissermaßen erlernen muss. Man kann nicht einfach herkommen, seine alte Perspektive mitbringen und glauben, man wisse eh. Kaum wo ist die Schnittstelle europäischer Großlandschaften so deutlich. Zum Teil sieht man es ja sogar. Der Schneeberg ist auch ein Fluchtpunkt der burgenländischen Perspektive. Aber in jenen Jahren, in denen ich anfing herumzustreifen im Burgenland, meinten immer noch ein paar Alte, der liege drüben „im Österreichischen". Die – nur ein Beispiel – Frau Pinter redeten sie nicht mit „Frau Pinter" an, sondern mit „Pinterfrau". Das klang mir recht despektierlich. Aber es war korrekt und sehr höflich. Aber halt nur auf burgenländischem Hotter.

Wie wenig man das Burgenland über den österreichischen Leisten schlagen kann, wurde mir anhand der Volksgruppengeschichte so recht bewusst. Viele Jahre fragte ich mich, welcher Teufel denn die sozialdemokratischen Kroaten reite, dass sie so sehr dem Assimilieren das Wort redeten. Ja, sich nicht entblödeten, noch im Jahr 2000 – da hat die scheidende Regierung Klima schnell noch die zweisprachigen Ortstafeln verfügt, um so der Schmach zu entgehen, dass Schwarz-Blau das tue – vor Kärntner Zuständen zu warnen. Erst mein oftmaliger

Tischgenosse Walter Prior – der war das mit dem Nicht-entblöden – brachte mir nach und nach bei, dass das für die roten Kroaten weniger eine Sprach- denn eine Schul-frage gewesen ist. Das Schulwesen war bis nach dem zweiten Krieg hinaus konfessionell organisiert. In der Kirche hält man das Kroatische bis heute hoch. (In der calvinistischen des Südens das Ungarische.) In staatlichen Schulen, so die roten Kroaten, hatte dagegen die Unterrichts- die Staatssprache zu sein: deutsch. Walter Prior, später Landtagspräsident, schreibt gerne und häufig in seiner poljancischen Muttersprache, in der er auch schöne, teils besinnliche, teils wenig besinnliche Vorträge hält. Was mir erschien wie der verwirrende und verwirrte Kärntner Sprachkampf, entpuppte sich als Teil eines sozialdemo-kratischen Kulturkampfes. Auch der recht altväterisch, gewiss. Es bedurfte des Norbert Darabos, um die roten Kulturkämpfer auf die Höhe der Zeit zu bringen.

*

So manches am Burgenland möchte man sich wegdenken. Vieles muss man sich dazu denken, um sich das Land zu jenem großen Ganzen zu imaginieren, zu jenem Eigentli-chen, um das es der Furor der Barbarei einst gebracht hat. Fast jede burgenländische Ortschaft hatte am Rand eine kleinere oder größere Romasiedlung. Die Sheva Kehil-lot, die heiligen sieben Gemeinden unter Esterházy'scher Herrschaft, repräsentierten eine eigene, orthodox gepräg-te Stettl-Kultur. Folgerichtig wurde fürs Burgenland nach dem Anschluss an Österreich eine eigene Kultusgemeinde errichtet. 1931 erhielt der Mattersburger Oberrabbiner Sa-muel Ehrenfeld das goldene Ehrenzeichen der Republik Österreich, weil ihm die Integration der jüdischen Ortho-doxie in Österreich so friktionslos gelungen ist. Der Rabbi und die Seinen wurden 1938 vertrieben. In Israel gründete er eine kleine burgenländische Gemeinde am Nordrand von Jerusalem. Und benannte sie „Mattersdorf".

Das alles vergessen zu machen, ist eh versucht worden. Aber es geht nicht. Es ist, auch oder gerade wenn's wehtut, Teil dessen, was man einst Heimatkunde genannt hat. Indem ich übers Burgenland erzählte in meiner täglichen Arbeit, musste ich also immer und immer wieder auch darüber erzählen. Weil ich diesen Landstrich auch immer mehr als eine solche empfand: Heimat.

*

Die Frau und ich hatten uns, zuletzt, noch was Großes vorgenommen: eine donauschwäbische, also pannonische Geschichte. Dieses Projekt trieb uns mehrmals von Lothringen bis hinunter nach Novisad. In Lothringen besuchten wir ein uraltes Familiengrab. Die Donauschwaben waren ja weder nur Schwaben noch ausschließlich Deutsche. Im Dorf, aus dem die Schwiegermutter vertrieben wurde, gab es eine Franzosengasse, die Verwandtschaft hieß – schwobelnd intoniert – Moullion und Boulanger. Über 250 Jahre wuchsen sie alle zusammen. Zu Ungarndeutschen. Zu solchen, wie die meisten Burgenländer auch waren.

Donauauf, donauab ließen wir uns treiben. In Tübingen stöberten wir in der Bibliothek des Instituts für donauschwäbische Geschichte. Im donauschwäbischen Zentralmuseum in Ulm stießen wir zufällig auf eine international angelegte Ausstellung. „More on Heimat" war der Titel. Geschuldet war diese Ausstellung und ein damit verbundenes Internetprojekt dem wachsenden Bedürfnis der Nachkommen, sich die eigenen Wurzeln zu veranschaulichen. Ein Bedürfnis, von dem mir auch Isaak Ehrenfeld erzählt hat, der Enkel von Samuel und mittlerweile selber Oberrabbiner von Mattersdorf.

Vor nunmehr leider auch schon geraumer Zeit habe ich am hellen Vormittag die Wirtin aufgesucht. „Hey, Joe", grüßte sie. Ich setzte mich zu einem Alten, der schon länger hier saß, und trank ein Bier, während die Wirtin eine höhere Rechnung zusammenschrieb. Ein paar Tage zuvor hatten wir hier die Frau hochleben lassen. Ein letztes, endgültiges Mal.

Der Alte suchte den Anknüpfungspunkt fürs Gespräch. „Bist a scho a bissl dahoam do?" Ich erwiderte, wahrscheinlich schärfer als gewollt: „Wenn amoi d'Frau aufm Friedhof liegt, dann bist dahoam."

*

Das Kind, längst auswärtig, ist im Schreibgeschäft tätig. 2017 schrieb sie für das Offene Haus Oberwart und dessen Schwerpunkt „Sehnsuchtsort Heimat" ein kurzes, schönes Gedicht.

> HEIMAT
> Wo man Geheimnisse hat
> Und Tote unter der Erde
> Wo einen der Wahnsinn verfolgt
> Auf einem Trekkingrad mit 18 Gängen

*

Und so also bin ich eben – nach und nach, aber ohne nennenswerten Widerstand – zu einem Burgenländer geworden.

Wolfgang Weisgram, Jahrgang 1957, ist ein g'studierter Publizist und Theaterwissenschaftler. Er berichtet seit mehr als 30 Jahren über und aus dem westpannonischen Raum, in der Hauptsache für die Wiener Tageszeitung „Der Standard". Seit den frühen 1990er Jahren lebt er an der Grenze zwischen dem Nord- und dem Mittelburgenland, ungefähr dort, wo die Ödenburger Volksabstimmung aus dem Land ein tiefes „ungarisches Eck" gehackt hat.

85

100 Jahre

Inge Maria Limbach

Dreh und trink! Oder das Geheimnis um die burgenländische Visitenkarte

Nein, danke

„Nein, danke! Das ist sehr freundlich, aber das darf ich nicht annehmen!" „Sehr lieb von Ihnen, aber wir müssen noch arbeiten/fahren/bei Sinnen bleiben!" „Wie nett, aber lassen Sie doch bitte den Korken in der Flasche!"

Wie oft habe ich in den wenigen Jahren, seit ich für das Landesstudio Burgenland arbeite, diese Worte schon ausgesprochen. Und wie oft habe ich mich nur Wimpernschläge danach mit einem Glas Uhudler-Frizzante oder ähnlichem Teufelszeug in der Hand wiedergefunden? „Hattest du schon wieder einen ‚Dreh und trink'?", fragt mich mein Mann dann belustigt.

Zugegeben, die burgenländischen Usancen waren mir nicht ganz fremd. Ich lebe seit mehr als einem Jahrzehnt mit einem Eingeborenen, noch dazu mit dem Spross einer Weinbauernfamilie. Nur kurz bei den Schwiegereltern vorbeischauen – das geht gar nicht. Unter zwei Glaserln Sauvignon Blanc und – nur zum Kosten – noch eines vom Blaufränkischen, kommst du dort nicht weg.

Der Drang, Besucher zu bewirten – und seien es zufällig hereingeschneite Reporterinnen –, steht in der burgenländischen DNA geschrieben. Großzügig zu sein, alle mitleben zu lassen, bei Speis und Trank nicht zu sparen, so habe ich meine Wahlheimat kennen gelernt.

Unvergesslich für mich mein erstes Familienfest im Burgenland. Ich war zu einer Goldenen Hochzeit eingeladen. Zunächst Salzstangerl und dreierlei Suppen und dann der Tafelspitz mit Semmelkren. Alles köstlich. Ich griff beherzt zu. Während ich satt mit der Frage in mich ging, ob denn in einem hinteren Winkel meines Magens noch Platz für eine kleine Nachspeise sei, wurden die eigentlichen Hauptspeisen aufgetragen. Schnitzel, Backhendl, Schweinsbraten. Uff. Und dann erst zwei Torten und die unvergleichlichen burgenländischen Krapferl. Also gut, ich nehm doch einen Schnaps dazu.

Ja, das alles sollte man wissen, wenn man ins Burgenland zieht. Ich habe schnell gelernt. Aufessen und austrinken. So gehört sich das.

Komplizierter wird es erst, wenn man nicht nur privat, sondern auch beruflich ins Burgenland wechselt. Von woher auch immer. Denn die Bewirtungslust der Einheimischen macht natürlich so gar nicht halt vor einer Journalistin. Das erschwert die Arbeit mitunter enorm. Denn, wo ist die Grenze zwischen höflich korrekt sein und nicht beleidigen wollen? Meist stellt sich die Frage nicht. Schneller, als wir die Kamera nach Drehschluss im Auto verstaut haben, ist auch schon der Umtrunk bereit. Manchmal sogar mit Jause in der guten Stube. Und dann zeig mir, wie du nein sagst zu der lieben Frau, die sich so freut, dass einmal in ihrem Leben das Fernsehen zu Besuch war!

Im Lande des Rebensaftes ist diese Bewirtung so gut wie immer mit einem Achterl Wein verbunden. Wenn die sanft aufgedrängte Labung dann noch von einem der zahlreichen hochklassigen Weingüter dieses Landes stammt, wird es umso schwieriger, vehement abzulehnen. Zumindest für mich. „Dreh und trink!", lacht mein Mann.

Dem Bürgermeister schmeckts

Gegenteiliges können mir heimische Lokalpolitiker berichten. „Ablehnen" ist für sie überhaupt keine Option. Weil, einen Wähler vor den Kopf stoßen? Und deshalb müssen sie oft durch, Augen zu und durch. Etwa beim traditionellen Besuch von Jubilaren. Die Qualität der gereichten Erfrischung sei hierbei unterschiedlich, hört man. So manchem Gemeindevordersten schnüre es die Kehle zu, noch bevor der betagte Nebenerwerbslandwirt stolz seinen Selbstgekelterten kredenzt.

Ganz reizend die Anekdote eines Bürgermeisters, für den die Altbäuerin extra ihre besten Weingläser aus dem obersten Regal holt. Zu Ehren des hohen Besuches hat sie ihre Brille abgelegt, die dicke Staubschicht und die Spinnweben am Glas bemerkt nur der Bürgermeister. Was macht er in so einem Fall? Die Lippen nicht am Glasrand ansetzen und den Trunk in einem Zug hinunterwürgen. Die Altbäuerin zeigt sich entzückt. „Ui, dem Bürgermeister schmeckts heute!". Und schwupp ist sein Glas ein zweites Mal gefüllt.

Benzn

Auch das niederösterreichische Mostviertel, aus dem ich ursprünglich stamme, ist gastfreundlich. Und doch hält sich der Großteil der dort ansässigen Bevölkerung an den Sinnspruch: Zan essen, trinken und zan beten sollst d'Leit net neten. Für Nichtmostviertler: neten kommt von nötigen. Der Burgenländer hingegen sieht sich von höherer Stelle beauftragt, Menschen zu ihrem Glück zu zwingen.

Das geht nicht ohne eine gewisse Nachdrücklichkeit. Benzn heißt hierzulande das entsprechende Vokabel, das ich Zuagroaste als eines der ersten erlernen durfte. Benzn – laut Jakob Michael Perschy in seinem Lexikon „Sprechen Sie Burgenländisch?" ein Ausdruck für eindringlich bitten, flehentlich fordern. Im Extremfall geht das so: Gleich einer meiner ersten Arbeitsaufträge für die Sendung „Burgenland heute" führt mich zu einem Fest auf einem Weingut. Wir drehen unsere Bilder, machen unsere Interviews, trinken artig ein kleines Glas und verabschieden uns alsbald. Anderntags ruft mich die völlig aufgelöste Tochter des Weinbauern in der Redaktion an. Der Papa habe geschimpft, weil sie uns ohne Wein habe ziehen lassen. Ich bemühe mich, die junge Frau zu beruhigen, wir hätten ohnehin ein Glas getrunken, das passt schon so. „Also, danke. Nicht nötig!" Darauf die freundliche Winzerstochter: „Dürfen wir Ihnen dafür heute einen Karton ins Büro bringen?" „Sehr lieb, wirklich, nein, danke!" Erst mein Argument, dass ich als Journalistin Geschenke gar nicht annehmen dürfe, scheint sie zu überzeugen. Tage später, früher Morgen an einem Feiertag, läutet es an der Tür. Ich öffne verschlafen im Bademantel. Draußen steht ein übers ganze Gesicht strahlender Winzer mit einem Sechserkarton Wein in den Armen. Es habe leider ein wenig gedauert, bis er meine Privatadresse habe ausfindig machen können … Und auch wenn ich jetzt vor den Kadi gezerrt werde: Ich habe kapituliert.

Willkommen im Burgenland

Die rituelle Gastlichkeit der Burgenländer hat aber auch, wie ich erfahren durfte, zu einer gewissen Erwartungshaltung im Volk geführt. Wer über Jahrzehnte zum Genuss eines Schluckerls gedrängt wird, erachtet diese Gebarung als normal.

Da schneite doch kurz nach meiner Übersiedlung aus Wien ein Strom-und-Gas-Ableser ins Haus. Er kannte bereits den Weg in den Keller, war schnell mit seiner Aufgabe fertig, erschien wieder bei mir in der Küche und sprach die interessanten Worte: „I kamat jetzt auf des Achtel z'ruck." Dabei hätte ich schwören können, ihm keines zuvor angeboten zu haben. Mein Mann, dem ich abends meine Verblüffung schilderte, fand diese Episode äußerst witzig. „Willkommen im Burgenland", meinte er lachend.

Mittlerweile sind mir diese Gepflogenheiten vertraut. Einmal im Jahr beehren uns beispielsweise zwei Abgesandte der örtlichen Freiwilligen Feuerwehr, um die Balleinladung zu bringen und Spenden zu sammeln. Es wundert mich nicht mehr, dass die beiden, sobald ich die Haustür öffne, grüßen, gleich eintreten, die Kappe abnehmen und die Schuhe ausziehen. Sie wissen, dass mein Mann sowieso gleich eine Flasche öffnen wird. Wieso sich also lange mit Floskeln am Eingang aufhalten? Sollten meine beiden wackeren Feuerwehrmänner diese Zeilen lesen, möchte ich festhalten, dass sie selbstverständlich stets willkommen sind! Nur damit das klar ist.

Um die Wurst

Zumindest einmal in der jüngeren Geschichte des Burgenlandes, konkret anno 1993, wurde die landestypische Gastlichkeit absichtlich gebremst. Sogar politisch motiviert. Und zwar gerade es als um die Wurst ging!

Brigitte Ederer, Anfang der 1990er Jahre Europa-Staatssekretärin im Bundeskanzleramt, hat dieses historische Ereignis in ihrem Buch „Der 13. Stern: Wie Österreich in die EU kam" festgehalten. Es galt damals, den Besuch des britischen EG-Generalkommissars Bruce Millan vorzubereiten und ihn von der Armut und der Förderwürdigkeit des Burgenlandes zu überzeugen. Ederer beschreibt, wie sie Landeshauptmann Karl Stix dringend dazu riet, keinesfalls groß aufzutischen. Ziel-1-Gebiet sein wollen und mehrgängige Galadiners aufwarten, das passt ja wirklich nicht zusammen. Dem Landeshauptmann dürfte dann eine perfekte Inszenierung gelungen sein. Im renovierungsbedürftigen Schloss Nebersdorf, so erinnert sich Ederer, hätten Rekruten dem hohen Gast auf abgeschlagenen Tellern Tafelspitz mit Semmelkren serviert. Bingo. „This is really a poor country", soll Millan auf der Rückfahrt nach Wien zu Ederer gesagt haben.

Die burgenländische Visitenkarte

Ein Phänomen, das mir in meinem früheren Leben als Nichtburgenländerin unbekannt war, ist die „burgenländische Visitenkarte". Am besten, man führt sie immer mit sich. Praktischerweise etwa im Kofferraum des Autos, damit sie jederzeit gezückt werden kann. Bei der burgenländischen Visitenkarte handelt es sich, leicht zu erraten, um eine Flasche Wein. Keinesfalls zu teuer, aber auch nicht zu billig. Entweder vom eigenen Weingut oder – in Ermangelung eines solchen – aus dem Ort, der Weinbauregion, aus der man kommt.

Als aufgeklärte Städterin fand ich den hierzulande weitverbreiteten Brauch, einem Monteur, einer Krankenschwester, einem Pannenfahrer als kleines Dankeschön eine Flasche Wein in die Hand zu drücken, gelinde gesagt, seltsam. Wenn nicht sogar peinlich oder aufdringlich. Sind denn die Zeiten nicht längst vorbei, als dem Hausarzt oder der Frau Lehrerin eine Speckseite, zwölf Eier und ein Krug Most mitgebracht wurden? „Unsinn", sagt mein Mann. Eine Flasche Wein koste wenig und bringe viel. So gut wie jeder und jede Beschenkte freue sich über die kleine Aufmerksamkeit. Und jeder und jede könne sich wohlwollend an diese nette Geste erinnern. Bei einem Warenwert von wenigen Euro könne zudem nicht von Bestechung gesprochen werden. Damit habe die burgenländische Visitenkarte ihren Zweck erfüllt.

Das überzeugt mich noch nicht ganz. Ist das „flüssige Danke von heute" denn nicht das „erwartungsvolle Bitte von morgen"? Ich solle das nicht so verkrampft sehen, meint mein Ehemann, der Burgenländer. Korruption sei etwas völlig anderes.

In der gelebten Praxis funktioniert das so: Wir begleiten meine Schwiegereltern nach Wien. Die Schwiegermutter hat einen Kontrolltermin beim Lungenfacharzt im Spital. Bevor wir abfahren, muss noch die Visitenkarte eingeladen werden. „Hansl, hast eh den guiden Wein g'nommen?", fragt die Mitzi ihren Gatten. Ich beginne vorsichtshalber schon mal, mich zu genieren. Auf der Lungenstation im großen Wiener Spital ist ordentlich was los. Dutzende Patienten und Patientinnen im Warteraum. Ich stelle mich auf eine längere Wartezeit ein. Plötzlich schwingt die Ordinationstür auf und der Herr Primarius erscheint persönlich. „Besuch aus dem Burgenland!", ruft er erfreut. „Kommen S' gleich mit!" Wenig später sitzen wir schon wieder im Auto auf dem Weg heim. Die Mitzi grinst. „I bring eam immer den guiden!"

Ich fasse es nicht. Es braucht keine Zusatzversicherung, keine Kreditkarte, um die lange Schlange Wartender zu überholen. Eine Flasche Blaufränkisch vom Leithagebirge tuts auch. Als meine Tochter wenig später einen Untersuchungstermin in einem anderen Wiener Spital hat, entschlüpft mir der mütterliche Rat: „Kind, nimm doch eine Flasche Wein mit! Einen guten!" Die Tochter sieht mich an, als ob ich verrückt geworden wäre.

Überhaupt. Meine Tochter. Die mittlerweile erwachsene junge Frau trinkt keinen Wein. Sie trinkt überhaupt keinen Alkohol, aber keinen Wein im Speziellen. Das ist deshalb bemerkenswert, weil ihr damit in der von mir angeheirateten Winzerfamilie echte Ratlosigkeit entgegenschlägt. Solange sie ein Teenager war, hegten meine Schwiegereltern die Hoffnung, dass sich das irgendwann gibt. Wie eine Laune Pubertierender, die den Alten etwas zufleiß machen wollen. Mittlerweile ist sie volljährig und mag immer noch nicht. Weder Blaufränkisch noch Chardonnay. Nichts dergleichen.

Ich könnte mir vorstellen, dass anderswo Opa und Oma ein Kerzerl anzünden, wenn das Enkerl zu saufen *aufhört*. Nicht so bei meiner burgenländischen Verwandtschaft. „Wenigstens ein Schluckerl zum Essen!", lockt die Großmutter fast schon verzweifelt. Doch das Kind bleibt hart. Erstens schmecke ihr Alkohol nicht und zweitens gefalle ihr nicht, was der Wein mit den Menschen mache, sagt meine Tochter. Deshalb, bitte einen Traubensaft! Manchmal beneide ich sie.

Vielleicht sollte ich auch diese Härte aufbringen. Zumindest bei oder vielmehr nach Dreharbeiten. Und sagen: „Nein, ich trinke keinen Wein!" Aber erstens wäre dies eine glatte Lüge und zweitens müsste ich dann vielleicht erklären warum nicht.

Na dann, in Gottes Namen! Aber nur ein Glas!

Inge Maria Limbach, geboren 1967 in Zeillern im Mostviertel als niederösterreichisch/rheinländisch/slowakische Mischkulanz. Beim ORF seit 1989, u.a. als Popkulturreporterin in Linz, Prix-Ars-Electronica-Moderatorin für 3Sat, Automobilexpertin für „Willkommen Österreich!", ZiB-Ausland-Redakteurin. Lebt mit Mann und Tochter in St. Georgen, dem „Grinzing von Eisenstadt".

Johannes Marlovits

Grenzerfahrungen am Mount Everest

Von einem Turm aus kann man weit in die Ferne blicken, über Grenzen und Stacheldrähte hinweg. Am Mount Everest des Burgenlandes steht so ein Turm. Nicht sehr hoch sind sie – also sowohl der Mount Everest des Burgenlandes als auch der Turm. Auf den stolzen 882 Metern, mit denen sich der Geschriebenstein über das Burgenland erhebt, steht dieser Turm aus Stein, durch den die Grenze zwischen Österreich und Ungarn verläuft. Früher war es schwierig, sich ihm zu nähern, denn es gab auch noch andere Türme entlang dieser Grenze. Wachtürme, auf denen Soldaten mit Fernglas und Gewehr standen, um das eigene System zu schützen und zu verhindern, dass jene, die in diesem System nicht mehr leben wollten, die Grenze durchbrachen. Mich hat diese Trennlinie schon als Kind fasziniert. Natürlich konnte ich in jungen Jahren noch nicht verstehen, dass entlang dieses Zauns zwei Welten aufeinanderprallten. Aber, dass es ein ganz anderes Leben da drüben war, wurde schon allein durch die Türme offensichtlich. Dass sich in diesem kleinen Burgenland das große Weltgeschehen widerspiegelt, hat mich beeindruckt und mein Leben geprägt. Von meiner Kindheit weg und von diesem Umfeld geprägt, wollte ich Grenzen finden, überwinden, sehen und schließlich erkunden, was sich hinter ihnen verbirgt.

95

Grenzen machen vielfach Sinn. Sie geben Orientierung. Geografisch verdeutlichen sie, wo ein Land endet, wo ein anderer Staat beginnt und damit auch dessen Regeln gelten. Persönlich bewegt man sich in den eigenen Grenzen. Manchmal sind sie vielleicht zu eng, manchmal muss man sie enger ziehen, um sich selbst und auch andere zu schützen oder um ein gemeinsames Leben möglich zu machen. Grenzen zu überwinden, das Andere kennen zu lernen, führt jedoch immer dazu, das Andere besser zu verstehen. Das hat mich stets angetrieben.

Meine erste größere Grenzerfahrung war die schulische Ausbildung, die mit der Matura geendet hat. Eine Voraussetzung damals, um die örtlichen Grenzen überschreiten zu können und mir erstmals ein eigenes Leben außerhalb der gewohnten Grenzen in einer großen Stadt zu ermöglichen. Bildung – das war das Zauberwort in unserer Familie, um entdecken zu können, was es sonst noch gibt, außer diesem Burgenland. Wir Kinder haben diesen Weg hinaus rasch verstanden. Das Aufwachsen im Burgenland war so gesehen der Grundstock für unsere künftigen Wege.

Der erste, auf Dauer verändernde Schritt über die burgenländische Grenze hinaus war ein gewaltiger. Es hatte etwas von der großen, weiten Welt, dieses Wien. Aber damit nicht genug. Ich wollte mehr sehen und kennen lernen. Was mir dabei geholfen hat, war ein Motorrad. Es hat mir eine Freiheit gebracht, die ich zuvor noch nicht erlebt hatte. Ich habe mir diese Freiheit in den Ferien erarbeitet, mit diversen Ferialjobs in burgenländischen Kleinbetrieben. Mit dem Geld, das ich dort verdiente, konnte ich mir das Motorrad leisten. Und dann bin ich aufgebrochen, wann immer es die Zeit erlaubt hat. Oft nur mit einem groben Ziel, einer Richtung, in die mich mein inneres Gefühl geschickt hat. Die Wege, die ich da befahren habe, die Gegenden, in die mich der Drang in mir gebracht hat, leben heute noch in meinen Erinnerungen sehr präsent. Und sie haben mich weitersuchen lassen.

Es ist wohl daher kein Zufall, dass ich einen Beruf gewählt habe, der zumindest die Möglichkeit eröffnet hat, die Grenzen noch weiter zu fassen. Dieses Österreich war nicht mehr genug, auch nicht dieses Europa, in dem erst nach und nach die Idee eines Zusammenlebens ohne Grenzzäune entstanden ist.

Wie ist das Leben auf anderen Kontinenten? Was unterscheidet die Menschen dort von uns Europäern? Wie denken sie? Ausgestattet mit einer guten Portion an Naivität, Abenteuerlust und großer Neugierde hat mich der Weg nach Washington geführt. Schon die erste Begegnung bei der Einreise war eine Grenzerfahrung. Die Botschaft der Behörde war eindringlich: Versuche erst gar nicht, abseits unserer Vorschriften zu leben! Diese Regel wurde in der Zeit, in der ich in den Vereinigten Staaten von Amerika gelebt habe, immer wieder aufs Neue bestätigt.

Es war aber auch eine Zeit, in der diese Vereinigten Staaten von Amerika, als Staat und die Bevölkerung dieses Landes schwierige Grenzerfahrungen erlebt haben. Es war die Zeit nach den Anschlägen von 9/11. Es war die Zeit, als die verantwortlichen Politiker Schuldige für die verheerenden Taten finden wollten und mussten. Bei dieser Suche haben sie Grenzen überschritten und neue gezogen. Es war beeindruckend und zugleich beängstigend, als Journalist mitzuverfolgen, wie ein Land diesen *road to war,* wie ihn damals amerikanische Journalisten betitelt haben, plant und konsequent begeht. Und es war überraschend und ernüchternd für europäische Journalisten zu erleben, dass unsere Vorbilder genau wie wir innerhalb von mitunter engen Grenzen agierten, ja agieren mussten. Wir hatten sie doch immer als Vorbilder betrachtet, ob ihrer investigativen Stärke und des damit verbundenen Scheins der völligen Unabhängigkeit. „Watergate" war da nur ein Symbol für diese scheinbare Autonomie.

Ich hätte mir in meiner Kindheit nie vorstellen können, dass ich derart weit über die Grenzen des Burgenlandes gelangen werde, und damit sind nicht nur die geografischen Grenzen gemeint.

Meine Erfahrungen haben sich nicht auf eine Himmelsrichtung, den Westen, beschränkt. Asien, Naher Osten – keine Grenze schien mir unüberwindbar zu sein. Eine war es dann beinahe. Die Entscheidung, während laufender Kampfhandlungen über einen Krieg zu berichten, habe ich erst nach gründlicher Überlegung getroffen und sie hat mich große Überwindung gekostet. Es waren auch viele gefährliche Grenzerfahrungen, die mir in diesem Kampf zwischen Israel und der Hisbollah begegnet sind. Es ist alles gut ausgegangen, auch wenn diese Erfahrungen nachhaltig in mir wirken. Krieg zu erleben, Menschen im Krieg zu erleben, Leid zu sehen, die Sinnlosigkeit von Zerstörung mitzuerleben, Begründungen zu hören, die unsere Verständnisgrenzen übersteigen – das prägt.

Ich war danach froh, in einem Europa zu leben, in dem Grenzen an Bedeutung verlieren, in dem den Menschen solche Kriegserfahrungen erspart bleiben, in dem die

Freude auf das Kennenlernen des Anderen größer ist, als der Wunsch, das Andere fernzuhalten. Nur bekommt dieses Europa seine Grenzen aufgezeigt, wenn Ereignisse um sich greifen, die das Gemeinsame auf die Probe stellen. Wirtschaftliche Entwicklungen haben dieses Potential in unserem so sehr von Wirtschaft geprägten System. Die Finanzkrise hat gleichermaßen Werte wie Strukturen in Frage gestellt.

Es waren nicht die europäischen Strukturen, die damals entscheidend waren, es war vor allem eine Frau, es war die deutsche Kanzlerin Angela Merkel, die Lösungen finden sollte. Als Korrespondent in Berlin konnte ich miterleben, welchen Grenzerfahrungen sich Politiker mitunter stellen und diese im Sinne der europäischen Idee bewältigen müssen.

Ich könnte noch viele Beispiele für Grenzerfahrung weit weg vom Burgenland nennen. Etwa dieses kaum zu begreifende Attentat in Norwegen, bei dem zahlreiche junge Menschen sinnlos ihr Leben verloren haben. Es war traurig und gleichzeitig beeindruckend, wie ein Land eine solche Situation bewältigen kann. Der Umgang mit diesem weitverbreiteten Leid und der Wille, das eigene System nicht von einer krankhaften Systemidee in Frage stellen zu lassen, waren beeindruckend. Es hat damals allen viel Kraft gekostet, den Richtern, Staatsanwälten, Verteidigern, aber vor allem den Hinterbliebenen. Sie alle sind einem Menschen gegenübergestanden, der mit seinen kranken Fantasien Angst verbreiten und das System herausfordern wollte. Aber darauf hat sich Norwegen nicht eingelassen. Dieser Staat hat gewissermaßen zurückgeschlagen mit Hilfe der Werte, die angegriffen worden waren. Und er hat gewonnen, weil diese Mitteln die richtigen sind.

Das Aufwachsen im kleinen Burgenland hat mir eine weite Welt eröffnet und mich geografische und persönliche Grenzen überschreiten lassen. Es waren emotionale Grenzen, die herausfordernd, aber dank der sozialen Grundlage gut bewältigbar waren und sind.

Dieses kleine Burgenland ist für mich also sehr groß. Letztens war ich mit meinen Kindern – von wegen Grenzerfahrungen – beim Turm am Mount Everest. Dort gibt es jetzt keinen Stacheldraht. Sie kennen diese Form der Grenzziehung nicht. Aber den Ausblick kennen sie jetzt und der ist beeindruckend. In alle Richtungen.

Johannes Marlovits wuchs in Rechnitz am Fuße des höchsten Berges des Burgenlandes auf. Er ist der Jüngste von vier Brüdern, die heute alle in anderen Teilen der Welt tätig sind. Die Erziehung der Eltern war von Geborgenheit, Liebe und Weltoffenheit geprägt. Marlovits war Korrespondent in Washington D.C. und in Berlin sowie Moderator der „Zeit im Bild". Derzeit ist er stellvertretender Ressortleiter der ZIB-Auslandsredaktion.

Dorottya Kelemen

Zmotschn und Zumpeln

Ich habe eine Liste. Sie ist unter den Notizen in meinem Handy, immer griffbereit, und sie bringt mich zum Lachen. Sie handelt von Zmotschn und Zumpeln, von Zibeben und Zaübesen. Die Liste habe ich meiner mittlerweile pensionierten Kollegin Helga zu verdanken. Als ich vor 24 Jahren ins Burgenland kam, wusste ich wenig bis gar nichts vom Land. Ich kam zum Arbeiten und dachte, dass in erster Linie meine Ungarischkenntnisse gebraucht würden. Irgendwann sprach Helga von einer Zmotschn und ich hoffte inständig, dass nicht ich gemeint war. Nach der Aufregung zu urteilen war das nichts Erstrebenswertes. Helga hatte nicht mich gemeint, und der erste Eintrag in meiner Liste – damals noch auf einem Blatt Papier (voriges Jahrhundert! Handylos!) – war gemacht. Ich mochte den Klang von Zmotschn. Überhaupt noch, bevor ich die Menschen im Burgenland näher kennen gelernt habe, mochte ich es, wie sie redeten. Die Sprache ist weich, sie schwappt – für meine ungarischen Ohren – ein bisschen schwerfällig hin und her und ab und zu bricht dann irgendein genialer Ausdruck durch.

Als Zweites hat mich die Vielfältigkeit der Landschaft fasziniert. Der Norden im Winter, wenn der Wind über die Ebene pfeift und man sich nur an den Kirchtürmen orientieren kann. Die schmale, freundliche Mitte, die so unterschätzt wird, die aber für mich immer der starke Rumpf des Landes war, ohne den es der Norden und der Süden sehr schwer hätten. Und dann der Süden mit seinen runden, weichen Hügeln, der in letzter Zeit von immer mehr Menschen entdeckt wird. Der Geschriebenstein, die Rosalia und das Leithagebirge gehen sowieso immer. Und das liegt nicht nur daran, dass ich seit 15 Jahren nicht nur im Burgenland arbeite, sondern auch am Fuße des Leithagebirges, in Eisenstadt, lebe.

Ich hatte großes Glück, durch meine Arbeit die unterschiedlichsten Menschen im Land kennen zu lernen, und sie haben mir wunderbare Begegnungen beschert: Da war die Burgenländerin, ungefähr in meinem Alter, aus Dörfl, die sich um ein Marterl im Wald kümmert. Unvorstellbar für mich, die in der Großstadt Budapest großgeworden ist, dass man sich mit so etwas beschäftigt. Sie sitzt oft am großen Baum, an dem das Heiligenbild befestigt ist, und denkt nach. Ich hatte den spontanen Wunsch, sie als Freundin zu haben, weil sie sich so selbstverständlich verbunden fühlt mit dem Land, mit dem Dorf, mit dem Wald und diese Verbundenheit großzügig weitergibt. Auf diese Verbundenheit trifft man im Burgenland immer wieder. Es ist ein liebenswerter und für das Zusammengehörigkeitsgefühl wichtiger Zug in diesem Land, sich ständig dessen zu versichern, wer woher kommt. Manchmal vergesse ich das. Und dann ist diese erste Frage nach dem Woher irritierend und oft auch unangenehm. Ist es nicht egal, woher man kommt? Reicht es nicht zu wissen, wo man hingeht? Ich musste erst lernen, dass die Frage nach der Herkunft hier wichtig ist und vom Befragten auch nicht als beleidigend empfunden wird. Im Gegenteil, man spricht gerne darüber, wo man herkommt, versucht, gemeinsame Bekannte zu finden – und findet garantiert welche. Das ist eine der Grundlagen für die Verbundenheit. Diese Verbundenheit hat aber nichts mit Engstirnigkeit zu tun. Im Burgenland sind die Menschen großzügig. Sie teilen gerne, nicht nur Essen und Trinken, sondern auch ihr Wissen, ihre Sprache, ihre Geschichte(n), eben ihre Verbundenheit. Das gilt für die meisten Menschen im Land, aber wie immer gibt es auch hier Ausnahmen. Ich bezeichne mich gerne als assimilierte Burgenländerin. Das kann man dann auch gut in Diskussionen verwenden, wenn einem abschätzig mit „Du bist ja nicht von hier" das Recht auf eine Meinungsäußerung oder auch nur auf ein Gefühl abgesprochen wird. Für manche bleibt man – zumindest in der einen oder anderen Situation – immer eine Fremde. Da wäre es vielleicht besser, die Frage nach dem Woher unbeantwortet lassen …

Das ist aber eigentlich keine Option. Denn wie wohl alle Zugereisten kann auch ich einen missionarischen Eifer entwickeln, den Burgenländerinnen und Burgenländern mein Geburtsland, in diesem Fall Ungarn, näher zu bringen. Und das ist alles andere als Eulen nach Athen tragen. Auch wenn im Burgenland – und das ist der Geschichte geschuldet – praktisch jeder und jede ungarische Wurzeln hat und gefühlt jeder und jede im Land eine Geschichte zu erzählen hat von Großeltern oder Urgroßeltern, die Ungarisch gesprochen und das „leider" nicht weitergegeben haben.

Das Burgenland und seine ungarischen Wurzeln begegnen mir immer wieder. Zum Beispiel beim Essen. Die Mattersburger Großmutter meines Mannes hat haargenau das gleiche Rezept für Eing'legte Erdäpfel verwendet wie meine Budapester Familie für *rakott krumpli*. Das Gleiche gilt für Topfennudeln mit Speck = *túrós csusza* und natürlich für die allgegenwärtigen Pogatschen. Manche Großeltern und Urgroßeltern haben das Ungarische übrigens weitergegeben, die Burgenlandungarn konzentrieren sich

auf vier Ortschaften, auf Oberwart/Felsőőr, Unterwart/
Alsóőr, Siget in der Wart/Őrisziget und Oberpullendorf/
Felsőpulya. Und natürlich ist die Situation für die Burgenlandungarn, von denen es laut der letzten konventio-
nellen Volkszählung 2001 etwa 4700 gibt, ganz anders
als für zugereiste Ungarn. Sie sind Burgenländerinnen
und Burgenländer, und sie gehören einer Volksgruppe
an. Ihr Bestreben ist das Bewahren von Kultur, Sprache
und Tradition. Und sie versuchen, die Balance zu halten
zwischen den beiden Welten. Dabei nicht zu erstarren
und sich nicht – was einfacher wäre – rein auf Folklore
zu reduzieren, ist große Kunst und das größte Geschenk,
das die Volksgruppen dem Burgenland geben können.
Paradoxerweise bin ich ein großer Fan von Folklore – so
bedauere ich es zum Beispiel sehr, dass im Burgenland im
Alltag so wenig Tracht getragen wird. So ein Blaudruck-
kleid mit einer weißen Schürze ist doch richtig schick.

Das Vermitteln zwischen den beiden Ländern ist oft
nicht einfach. Sehr schnell stößt man an die Grenzen,
wenn es um die Geschichte geht. Die Entstehung des Burgenlandes wird diesseits und jenseits der Grenze komplett
unterschiedlich wahrgenommen. Das Gleiche gilt für die
Ereignisse der Österreich-Ungarischen Monarchie: Im
Burgenland ist es nur schwer verständlich, mit welchem
emotionalen Zugang Ungarn die Ereignisse von 1848 feiern und wie wichtig das für ihre Identität ist. Es gab einmal eine wunderbare Initiative in der Region, die Schul-
bücher für Geschichte gemeinsam, über die Staatsgrenzen
hinweg zu überarbeiten. Das Grundgerüst ist ja sehr ähnlich, aber der Teufel steckt in den Feinheiten. Naturgemäß wird der Eiserne Vorhang und dessen Fall hüben wie
drüben anders empfunden und analysiert und das wiede-
rum beeinflusst die politischen Entwicklungen seitdem

und das Verhalten gegenüber der EU. Gerade wenn es um die aktuelle politische Lage geht, ist das Verständnis für das jeweils andere Land sehr gering und das Vermitteln umso herausfordernder. Viele erwarten, dass man sich für die eine oder andere Seite entscheidet. Das ist aus meiner Sicht der assimilierten Burgenländerin nicht notwendig. Auch nicht im Sport. Falls jetzt die unumgängliche Frage kommt, zu wem ich halte, wenn Österreich gegen Ungarn spielt: Ich freue mich über jedes Tor, dann ist das Spiel wenigstens nicht so fad. Und es ist mir aus tiefstem Herzen wurscht, wer gewinnt.

Aber es ist nicht immer leicht, nicht von da und doch von hier zu sein. Dann jedoch hilft die Sprache. Es macht Spaß, auch absurde Parallelen zwischen den Sprachen zu finden und diese weiterzugeben. Wussten Sie zum Beispiel, dass ein Zuagroasta ein bisschen ungarisch ausgesprochen zu *cukrászda* wird, also zu „Konditorei"?

Ich suche im Burgenland nicht das Ungarische. Freilich freue ich mich, wenn ich irgendwo auf eine alte ungarische Aufschrift stoße, etwa bei einem verwitterten Grenzstein im Wald oder wenn ich in einem Ort am Neusiedler See eine Tafel finde, dass der wohl bekannteste ungarische Dichter Sándor Petőfi in einem Haus dort übernachtet hat. Auch die alten ungarischen Ortsnamen finde ich interessant. Aber das Burgenland ist so viel mehr als seine ungarische Vergangenheit.

Ich liebe die Durchlässigkeit des Landes – von Osten kommt das Ungarische, von Westen das Niederösterreichische, das Steirische, von Norden das Slowakische, von Süden das Slowenische – und dazwischen behauptet sich das wunderbar wandelbare Burgenländische. Das Burgenland ist so *emberszabású* – um noch einen ungarischen Ausdruck zu prägen. Am ehesten lässt es sich übersetzen mit „auf den Menschen zugeschnitten". Den Begriff hat meine Mutter für das Burgenland geprägt, als sie vier Jahre vor ihrem Tod ins Burgenland gezogen ist. Sie hat damit gemeint, dass man sich hier als Mensch wohlfühlen kann.

Ich bin zum Arbeiten gekommen und bin zum Leben im Burgenland geblieben. Nicht wegen der Sprache oder der Landschaft. Sondern wegen der Menschen. Sie sind eben keine Zmotschn und Zumpeln.

Und: Falls Sie sich immer noch fragen, was eine Zmotschn ist: ein Faulpelz. Zumpeln sind schiache Menschen, Zibeben sind Rosinen und Zaübesen (Zeilenbesen) die letzten, die nach einer langen, fröhlichen Nacht nach Hause gehen.

Eing'legte Erdäpfel/*Rakott krumpli:*
– gekochte Erdäpfel
– gekochte Eier
– viel Sauerrahm
– Speckwürfel

Erdäpfel und Eier in Scheiben schneiden und schichtweise in eine gebutterte und gebröselte Form legen. Dazwischen immer großzügig Sauerrahm verteilen, da kann schon ein ganzer Becher draufgehen. Die oberste Schicht mit Sauerrahm bedecken, Speckwürfel drüberstreuen und im Rohr backen. Statt Erdäpfeln kann man übrigens auch Karfiol nehmen.

Dorottya Kelemen, geboren 1968 in Budapest. Lebt seit 1980 in Österreich, seit 15 Jahren in Eisenstadt. Sie arbeitet beim ORF Burgenland als Redakteurin und moderiert auch die ungarische TV Sendung des ORF „Adj' Isten magyarok".

Eva Maria Kaiser

Radeln, ruacheln und andere burgenländische Genmutationen

Ich sitze auf dem Fahrrad, den heißen Sommerwind auf der Haut und in den Haaren, und radle durch die Weinberge, die bei uns Weingärten heißen, weil von Bergen wenig zu sehen ist, obwohl das Leithagebirge, an dessen Hängen ich aufwachse, etwas anderes vermuten ließe. Das Fahrrad bestimmt den Radius meiner Kindheit. Die Dorfstraße hinauf, links zu den Weinrieden, die schlicht „Satz" heißen, aber zu den Besten des Ortes gehören, den Hügel im Schuss hinunter, rechts den Eisbach entlang, der für Alpenländler nicht mehr als ein Rinnsal darstellt, an dessen Brücken ich aber stundenlang ins Wasser schauen und Träumen nachhängen kann, dann in den Nachbarort, aus dem mein Vater stammt, die Weingärten zurück und eine zweite Runde, den Eisbach nach links, den Dorfbach hinauf, vorbei am Breiten Kreuz, einem Marterl mit zwei riesigen Kastanienbäumen, die nach fünfzig Jahren immer noch stehen, aber immer kleiner werden in den Augen der Besucherin, die aus aller Welt nach Hause kommt.

Seit mehr als dreißig Jahren bin ich nur mehr Gast in der Heimat. Ich war knapp achtzehn, als es mich, so würden meine Kinder heute sagen, geflasht hat. Eine Erkenntnis, explosionsartig, nach monatelanger Ratlosigkeit, was ich nach der Matura machen sollte: Ich werde nach Wien gehen, studieren. Das klingt banal, heute, wo alle Welt

Die Mutter der Autorin
1936 vor ihrem Elternhaus,
darunter ein Foto aus dem
Jahr 2020.

studiert, für mich damals war es etwas Großes, jedenfalls nicht in die Wiege gelegt, eine Entscheidung, die Türen aufstieß, ein Weg ins Freie, nicht aus dem Weinbaudorf, das war mir nie zu klein, aber aus der Landeshauptstadt ohne Theater, ohne Uni, mit nur einer Hauptstraße und einem Hotel und einer Disco, die kam mir lachhaft vor.

Der Anfang ist gesetzt Mitte der 1970er Jahre: Ich, ein Spross der Furchen-und-Schollen-Fraktion, Kind kleiner

Weinbauern, komme in den Genuss der Kreisky'schen Bildungsreform. Die Mutter sitzt nächtelang, um mir, neben all ihrer anderen Arbeit, gymnasiumstaugliche Garderobe zu nähen. Das Gymnasium, das ist die Schule für die besseren Leute. Dass ich nun dazugehören soll, erfüllt die Eltern mit Stolz. Dem Vater ist das nicht geglückt. Gescheit genug wäre er gewesen, doch das Schulgeld war hoch, und die Großeltern hatten keinen Sinn dafür, die Kinder zu fördern. So muss er, es ist Nachkriegszeit, barfuß in die Hauptschule nach Eisenstadt pilgern. Die Mutter hat nur die Volksschule besucht, ein Lehrer unterrichtet acht Schulstufen in zwei Klassenzimmern. Als sie mit vierzehn Jahren „ausgelernt hat", wie man sagt, muss sie zu den Weinbauern aufs Tagwerk, so heißt das, Unkraut schern, für einen Schilling pro Tag, die Männer lassen die Kleine die beschwerlichen Furchenreihen bearbeiten, Mitleid mit Kindern, das gibt es damals nicht. Die Mutter hätte gern Schneiderin gelernt, doch für das Lehrgeld reicht es nicht. Der Vater wird Maurer, widerwillig, weil die Landwirtschaft der Familie zu wenig abwirft. Die Eltern werden uns, den Kindern, das später erzählen, in unzähligen Episoden, ohne Larmoyanz. Man nimmt es, wie es kommt, damals, bei den kleinen Leuten im Burgenland, und ist überhaupt hart im Nehmen. Als ich später für die Matura büffele, sagt der Vater nur: „Schuster, bleib bei deinem Leisten". Was er damit meint, weiß ich bis heute nicht. Nicht traurig sein, falls ich durchfalle? Keine überzogenen Pläne wälzen? Als ich dann zum Studium nach Paris gehe und schon mit den Koffern in der Tür stehe, will er mir Mut machen: „Das Leben ist ein Kampf, kämpfe weiter!" Das mit des Schusters Leisten hab ich nie befolgt, das mit dem Kämpfen schon.

Meine Jugend teilt sich in zwei Welten, die Bauernwelt und die Bildungswelt: Zu Hause drehen sich die Gespräche um Weingarten, Küche und Keller, in der Schule erhasche ich einen Zipfel vom Wissen: Wie viele Symphonien hat Haydn geschrieben, wie lange werden wir mit der Weinlese brauchen, warum sind die Nazis an die Macht gekommen, warum haben wir nicht gegen Mehltau gespritzt, wer schrieb die Ringparabel, wie kocht man gefüllten Paprika, der Kuss von Klimt, der Wein korkt, die Gretchenfrage. Gebannt erlebe ich, wie sich mir eine neue Welt erschließt, doch in keiner der beiden bin ich ganz zu Haus. Ich lebe das Dorfleben, Kirchenfeste, Theaterspielen, Volkstanzen, Weinkosten, doch fühle ich mich immer ein bisschen fremd. Auch in der Bildungswelt komme ich nicht ganz an. Später, im Gespräch mit meinen Wiener Freunden, den Bildungsbürgerkindern, werde ich immer auf der Hut sein, so vieles weiß ich nicht, was sie als Wissen ganz nebenbei am Mittagstisch aufgesogen haben.

Wenn ich über meine Kindheit im Burgenland erzähle, müssen die Kinder immer lachen, meine Hietzinger Kinder, für die das Erzählte klingt wie aus einer längst versunkenen Zeit. Es sind Geschichten einer prekären Kindheit, die nie als solche empfunden wurde. Etwa: Ich war mit meinen Eltern nie auf Urlaub. Nie. Keinen einzigen Tag. Der Vater sitzt nach acht Stunden Maurerarbeit auf dem Traktor bis zum Abend. Die Mutter changiert zwischen Weingarten, Küche, Weinkeller und Nähmaschine bis spät in die Nacht. Ruacheln nennt man das, ein Wort, das auch das Wörterbuch kennt: hart, angestrengt und mühevoll arbeiten, um zu materiellem Erfolg zu kommen. Das trifft es genau, das Lebensprinzip burgenländischer Nebenerwerbslandwirte. Ich habe es nicht mit der Muttermilch aufgesogen, denn die Mutter hatte zum Stillen keine Zeit, es hat sich mir genetisch eingepflanzt, über viele Jahrhunderte. Ich selbst arbeite von klein auf mit, Flaschen schlichten, Flaschen korken, Flaschen füllen, wenn Weinkunden kommen, in den Weingarten radeln, auf die Leiter des Kirschbaums steigen, laut nach der Mutter rufen, damals nimmt sich die Kundschaft für das Warten noch Zeit, später selber Wein verkaufen, richtig rechnen, richtig einpacken, freundlich sein. Kinderarbeit? Lachhaft. All das prägt mich bis heute. Als ich promoviere, neben Job und drei Kindern, denke ich oft an das Ruacheln von damals. Anstatt in der fetten, klumpigen Erde wühle ich in Archiven. Die eigentliche Ruachlerei bleibt aber das Schreiben. In meiner Kindheit haben Weihnachtskarten an die Verwandtschaft Stunden gebraucht. Die Doktorarbeit benötigt Jahre, bis sie fertig wird. Aber sie wird fertig. Ich stehe mit meiner Rolle im großen Festsaal der Universität Wien, beim „Gaudeamus Igitur", und denke, zumindest so kann ich das Arbeitsethos der Altvorderen den Kindern weitergeben.

Nach der Matura bin ich Pendlerin, wie so viele aus dem Burgenland. Sonntagabend die Reisetasche packen und ab mit dem Bus nach Wien, Freitagnachmittag zurück nach Hause, Woche für Woche, Jahr für Jahr. Im Laufe der Zeit werden die Fahrten seltener, die Mutter kränkt sich anfangs, wenn ich immer weniger heimkomme. Dass ich nach Wien gehe, haben die Eltern, die land- und dorfverbundenen, nie verstanden. Jeder Ausflug zu mir in die Stadt ist für sie eine Weltreise, und sie flüchten rasch aus den Häuserfluchten. Nach dem Studium findet sich ein Traumjob in Wien, und gerade als ich aus meiner Studentenbude ausziehe, um mich in einer richtigen Wohnung sesshaft zu machen, kommt der Anruf. Ob ich nicht Lust hätte zurückzukommen, es gäbe einen Arbeitsplatz in Eisenstadt. „Nein, hab ich nicht", denke ich sofort. Aber dann kommen Ratschläge, ich soll es mir nicht zu früh bequem machen in meiner Wiener Redaktion, könnte noch etwas lernen in der Provinz, mich weiterentwickeln. Eine halbe Nacht laufe ich weinend durch die Stadt, will nicht zurück und tue es doch. Nun bin ich Pendlerin in umgekehrter Richtung. In der Früh ab nach Südosten, die Autobahn ist kurz zuvor fertig geworden, am Abend retour, immer gegen den Stau, trotzdem bizarr. Während die Städter vom Landleben träumen, vom Häuschen im Grünen, haste ich nach getaner Arbeit zurück in die Stadt. Und dennoch: Als Wienerin will ich nicht gelten. Auf mein erstes Auto klebe ich ein Burgenlandlogo, unübersehbar auf die Heckscheibe, um das Wiener Kennzeichen zu neutralisieren. Die Wiener Freunde finden das albern und ich eigentlich auch, doch irgendwie möchte ich ein Statement setzen. Mit dem Auto lerne ich die Heimat erst richtig kennen. Muss ich ausrücken zu einer Pressekonferenz, zu einem Drehtermin, hole ich heimlich die Burgenlandkarte aus dem Handschuhfach. Niemand soll wissen, wie wenig ich mich auskenne. Wie lange braucht man zur Brücke von Andau? Wo genau liegt Karl? Ich lerne Orte kennen, deren Existenz mir bisher verborgen geblieben ist, tragischer Unfall in Goberling, Mord in Ollersdorf. Schön langsam erschließen sich mir die Koordinaten des Landes. Mitte der 1990er Jahre tut sich was im Burgenland: Ziel-1-Gebiet, EU-Osterweiterung, Sommerfestspiele, Wirtschaftsaufschwung. Dort, wo sich einst das Ende der freien Welt befand, am sogenannten Eisernen Vorhang, den meine Familie nicht einmal zum Salamikaufen überwunden hat, ist eine ungeahnte Dynamik entstanden. Wer denkt noch an die Zeiten, als das Burgenland in allem das Schlusslicht Österreichs war, rückständig, einfältig, arm?

Ich denke nur daran, wenn ich das Familiengrab besuche. Und alte Fotos anschaue.

Es ist ein kleines Haus, am Ende der Dorfstraße, ein Kleinhäuslerhaus, die Mutter als Mädchen steht einsam davor. Die Großeltern haben es gebaut, beide noch im 19. Jahrhundert geboren. Der Großvater ist Tagelöhner, eigentlich Sohn großer Bauern, seine Mutter verstorben, die Stiefmutter böse, sie treibt die Kinder aus dem Haus, am Tag, als sein Vater begraben wird, geht er auf den Kirtag tanzen. Die Großmutter wird nach dem frühen Tod ihrer Mutter als Arbeitskraft ausgenutzt, von den eigenen Geschwistern, und dann ins Kloster nach Ödenburg gesteckt. Als die Kommunisten 1919 in Ungarn die Macht übernehmen, werden die Klöster aufgelöst, die geistlichen Schwestern nach Hause geschickt. Sie ist nicht willkommen, gilt als entlaufene Nonne, muss in einem fensterlosen Raum ihr Dasein fristen. Dem Großvater fällt die erste Frau vom Kirschbaum in den Tod, die Kinder brauchen eine neue Mutter, eine Kupplerin bringt die beiden zusammen und so weiter und sofort, ein burgenländisches Schicksal wie tausende andere auch.

Das Kleinhäuslerhaus steht längst nicht mehr. Mein Vater, der Maurer, hat es abgerissen und ein großes, neues hingestellt. Der Großmutter bricht es wohl das Herz, ein Jahr später ist sie tot. Ich selbst freue mich über die schönen Räume und das eigene Zimmer und viele Jahre später werde ich wütend, wenn Wiener Freunde, die kunstsinnigen, die Zerstörung des burgenländischen Ortsbilds beklagen: die süßen alten Häuser, die Giebeldächer, die Langstreckhöfe. Ja, wissen sie nicht, wie eng es dort war und finster, und kein ordentliches Bad und oft zwei Familien auf einem Hof, Halbwirtschaft hat man das genannt. Dass die neuen Häuser schiach sind, das sehe ich auch, diese unsägliche Architektur der 1970er Jahre, einförmige, graue Kästen, die ohne Charme in der Landschaft stehen und würdelos altern. Aber sie geben den Leuten Licht und Raum zum Leben.

Eine Burgenländerin aus tiefer Seele werde ich, als ich mich endgültig in Wien niederlasse, mit Arbeit, Mann und Kindern. Wir siedeln uns im Süden der Stadt an, nahe zum Job und rasch Richtung Heimat. Unser Lainzer Grätzl hat sich seinen dörflichen Charakter bewahrt. Auf der Straße trifft man Bekannte, in den Geschäften kennt man die Verkäuferinnen und Sonntagvormittag, in der Kirche, begegnet man Freunden. Ich kann viel von meinem burgenländischen Lebensgefühl in den Stadtalltag retten. Das Bedürfnis nach Frischluft: ein Garten, in dem ich Paradeiser ziehe, für Weinstöcke ist das Klima zu rau. Und die Gastfreundschaft: Bei Festen biegen sich die Tische, immer die Angst, es könnte zu wenig sein, Kardinalschnitten, selbstgezogener Apfelstrudel, Martinigans, von den Weihnachtskeksen fünfzehn Sorten. Die Wiener Freundinnen staunen, und ich hole mir den Beifall gerne ab, wie einst die Mutter, für die das Lob ihrer Küche die einzige Form der Anerkennung war. Auch das Radfahren bleibt Teil meines Lebens. Ich radle zum Einkaufen, in die Arbeit, in den ersten Bezirk zum Flanieren, ins Kaffeehaus, in die Albertina, in die Oper. Ich bin auf dem Rad auf die Welt gekommen, sage ich den Wiener Freunden, wenn sie sich wundern. Selbst meine heimatliche Schleife den Eisbach entlang kann ich transformieren: Nach dem Büro den Wienfluss hinaus, der Abendsonne entgegen, und die Gedanken fließen lassen. Nur mein burgenländisches Naturell – das gibt es tatsächlich –, zuvorkommend, hilfsbereit und offenherzig, das tut sich hierzulande ein bissl schwer. Der Wiener Grant will ihm den Garaus machen. Das Wiener Gemüt, personifiziert im Mundl, ist so gar nicht gemütlich, oft unfreundlich, derb und latent aggressiv, das tut mir fast körperlich weh. Im Laufe der Jahre habe ich die Freundlichkeit der Mutter mit der Schroffheit des Vaters ergänzt, so lässt es sich besser überleben.

Ins Burgenland fahre ich nun zur Erholung. An den Neusiedler See, den ich erst spät für mich entdeckt habe. Er ist nur fünfzehn Kilometer von meinem Dorf entfernt, doch als Kind komme ich nie so weit, erst die Radwandertage mit der Schule haben ihn mir näher gebracht. Den Nationalpark gibt es Mitte der 1980er Jahre noch nicht, das Projekt ist umstritten. Die Landwirte fürchten um ihre Ackerflächen, für sie sind die Nationalparkpläne Fantastereien weltfremder Stadtmenschen, die sich nicht um die Landbevölkerung scheren. Als ich vor einigen Jahren, nach langer Pause, die Touren in den Seewinkel wieder aufnehme, falle ich vor Begeisterung fast vom Rad. Die tausenden Graugänse, die aus den Gräsern aufsteigen, der Flug der Kraniche, jetzt verstehe ich erst, wer die Mörder des Ibykus verraten hat in der Schiller'schen Ballade; die weißen Esel, die Mangalitzaschweine, die Steppenrinder, die in Herden in der Puszta grasen. Der Vater wäre begeistert gewesen, es hätte ihn an seine Kindheit erinnert, als er selbst mit den Kühen auf die Weide musste. Schade, dass ich ihm das alles nicht mehr zeigen konnte. Und natürlich die Störche, meine Freunde von Kindesbeinen an. Damals sind sie noch selten, die Zeit, wo man in Rust ihre Nester erneuert, wird erst kommen. Wenn sich einer zu uns verirrt und mir seinen langen Beinen elegant durch die Wiesen steigt, ist das immer ein Ereignis. Später werde ich, wann immer ich Kindern ins Freundschaftsbuch schreibe, als Lieblingstier die Störche nennen, exotisch und heimatverbunden zugleich.

Und so ziehe auch ich immer wieder nach Hause. Das ist nach so vielen Jahren immer noch Kleinhöflein, irgendwie. Auch wenn die Eltern längst nicht mehr sind, es gibt noch Bruder und Schwester samt Anhang, die Familie ist über WhatsApp enger verbunden denn je, wir wissen gegenseitig, was uns umtreibt in der Stadt und auf dem Land. Zum Bruder fahre ich ernten, Kirschen, Marillen, Weintrauben und hole mir vom Sturm. Für meine Wiener Kinder ist das Helfen bei der Weinlese keine wochenlange Plagerei, sondern die Hetz eines Vormittags, ideales Motiv für ein Fotoshooting. Der Wein wird besser von Jahr zu Jahr, der Betrieb ist größer denn je und heißt nun Weingut, die nächste Generation wird davon leben können, das hätte die Eltern gefreut. Mit der Schwester besuche ich Konzerte und streune durch Galerien. Das ist eine neue Facette des Erntens: burgenländische Künstler entdecken. Die Namen kenne ich seit Jahren, auf manche bin ich über den Wiener Umweg gestoßen, und nun schaue ich und gustiere und suche, welche Bilder ich mir an die Wände hänge. Warum, weiß ich selbst nicht genau. Will ich vor Augen haben, dass auch das Burgenland etwas darstellt? Die Intellektuellen hierzulande nicht weniger intellektuell, die Künstler nicht weniger künstlerisch sind als anderswo? Ein Stück alte Heimat in die neue überführen? Es ist wohl ein bisschen von alledem. Und ein schönes, neues Feld, das es zu beackern gilt.

Eva Maria Kaiser ist in Eisenstadt/Kleinhöflein aufgewachsen. Nach dem Theologiestudium in Wien und Paris absolvierte sie eine Journalistenausbildung und arbeitet beim ORF, derzeit als Redakteurin beim „Report". Nebenberufliche Promotion und Veröffentlichung ihrer kirchengeschichtlichen Dissertation „Hitlers Jünger und Gottes Hirten" 2017 bei Böhlau. Lebt mit Mann und drei Kindern in Wien-Hietzing.

Walter Schmögner's Erinnerungen

Begonnen hat alles im legendären Café Hawelka im ersten Bezirk in der Dorotheergasse in Wien. Alfred Schmeller, Direktor des „20er Hauses" in Wien, der als Landeskonservator das Burgenland bereiste und sein Augenmerk auf das Südburgenland warf, hat zu später Stunde uns Künstler mit dem stichhaltigen Argument „Kummt's owe, da kost des Ocht'l nur an Schilling" in das Südburgenland gelockt. In den Sechziger Jahren gründete er mit Feri Zotter das Künstlerdorf Neumarkt an der Raab. Künstler, Schriftsteller, Musiker und Freunde der Kunst kamen um zu arbeiten und zu bleiben.

Walter Pichler, Giuseppe Sinopoli, Johannes Wanke, Martha Jungwirth, Feri Zotter, Christian Ludwig Attersee, Kurt Kocherscheidt, Elfi Semotan, Martin Kippenberger, Heinzi Leitner, Franz Voss, Bruce Meek, Ludwig Haas, Erwin Bohatsch, Peter Kogler, Paolo Piva, Hans Weigand und andere haben dort ihren Zweitwohnsitz gegründet.

Peter Pongratz war einer der Pioniere im südlichen Burgenland, ohne sich dort anzusiedeln. Im Gegensatz zu Walter Pichler, der schon 1971 ein Haus in St. Martin erwarb. Walter und ich sind, eingedeckt mit Wein und Delikatessen von Piccini am Naschmarkt – die wir nebstbei bemerkt schon in der Buckligen Welt verdrückt hatten

– oft gemeinsam mit dem Auto hinuntergefahren. Zwei Objekte sind in dieser Zeit dort entstanden, die Scheibe und die Pyramide. Weiters entstanden dort Tagebücher und das „Guten Tag Buch".

1984 habe ich mir dann selbst in Neumarkt eine Hausruine gekauft, einen Vierkanthof, der direkt an das Künstlerdorf grenzt, wo ich mir ein großes Atelier geschaffen habe. Was für ein Unterfangen das war, verbildlichte sich in meinen Alpträumen, nach 19 Jahren war der Hof dann letztgültig fertig renoviert.

Viele befreundete Künstler haben mich besucht und gemeinsam haben wir diesen Ort im Südburgenland zu einem Ort des künstlerischen Austausches gemacht.

Es hat viele Feste gegeben, Harri Stojka musizierte, Joachim Riedl, H. C. Artmann, Wolfgang Bauer, Günter Brus, Friedensreich Hundertwasser, Ignaz Kirchner, Gert Jonke, Max Peintner, Alfons Schilling, Hans Staudacher, Kurt Zein, Gernot Wolfgruber, um nur einige zu nennen, kamen zu Besuch.

Wir hatten und haben eine wunderbare Zeit.

Frühling 1984 in meinem Innenhof.

Der Hof heute. Der Findling im Vordergrund ist 5 Millionen Jahre alt. Er ist
aus der Eiszeit und wurde bei Ausgrabungen im Donaubecken gefunden.

1984. Eine meiner
ersten Arbeiten
in Neumarkt.
Mischtechnik auf
Papier, 50x65 cm.

2008. 40 Jahre
Künstlerdorf
Neumarkt a. d. Raab.
Session mit Harri
Stojka, Claudius
Jelinek und mit mir im
Kreuzstadl.

Dreitägiges Sautanzfest, ebendort.

Die Club
Küchenmannschaft
Silvester 1992.

1992 wurde in Minihof-Liebau der „Club an der Grenze" von uns Künstlern
gegründet. Jeder der konnte leistete einen künstlerischen Beitrag. Walter
Pichler den Kachelofen, Franz Merlicek die Kücheneinrichtung, Kurt
Kocherscheidt die Bar, Günther Domenig den Betontisch im Freien. Die
Luster, die man je nach Bedarf auf den Schließen bewegen konnte, waren
mein Beitrag.

Die Postkarte
von
Friedensreich
Hundertwasser
aus New
Zealand.

2002 Atelier Neumarkt. Nordwand mit Gemälde Unterirdische Säulenhalle, 1994. Acryl a. Leinwand, 190x240 cm. Wolfi Bauer ehrte mich zu später Stunde auf dem Tisch stehend. Einmal kommt meine Nachbarin vorbei und sieht dieses Bild: „Jessas, Herr Schmögner, ham's schon wieda ausbaut?".

Lichtwächter, 1994. Mischtechnik auf Papier, 42x60 cm. Lichtquellen faszinieren mich und ziehen sich durch mein Werk.

2009 Venus von Neumarkt. Arbeitszustand,
Zierkürbis, Karton, Hanfschnüre, bemalt.
1999 Plakat zur Ausstellung mit dem Objekt
‚Der etruskische Hund'. Weidenruten,
Hanfschnüre bemalt, Flugseide, Spannlack
145x121x31 cm.

2007 Hinterseite des Marterls bei
meinem Haus. Zu dieser Zeit habe ich den
Davidstern angebracht.

Walter Schmögner, geboren 1943 in Wien, Kindheit in Toledo/ Spanien. Akademische Ausbildung zum Grafiker in Wien. Arbeitet als Maler, Zeichner, Buchkünstler, Bildhauer und Bühnenausstatter. Längere Auslandsaufenthalte in Frankfurt a.M., Paris, New York, Hamburg, Zürich, München, London. Zahlreiche Studienreisen quer durch Italien und Spanien und Nordafrika. Lebt und arbeitet in Wien und im Südburgenland.

Fotonachweis

Seite 119: Walter Schmögner
Seite 120: Alfred Granitz, Edi Sauerzopf
Seite 121: Elfi Tripamer Pichler
Seite 122: Wolfram Kalt
Seite 123: Walter Schmögner

Literaturnachweis

2004: Walter Schmögner, Der etruskische Hund - Objekte 1973-2004, Verlag Jung und Jung, Salzburg-Wien. Katalog zur Ausstellung, Burgenländische Landesgalerie, Eisenstadt.
2008: Walter Schmögner's Wunderwelt ein Film von Georg Lhotsky, Musik Harri Stojka, Lhotsky Film, Wien.
2011: Das Künstlerdorf Neumarkt an der Raab herausgegeben von Petra Schmögner und Peter Vukics, Residenzverlag, St. Pölten – Salzburg.
2012: Walter Schmögner, Nacht- und Tagbilder meiner Zeit, Bibliophile Edition, Wien.
www.schmoegner.at

Matthias Schmelzer

Auf engstem Raum. Zusammenleben nach dem Zweiten Weltkrieg

Ich höre die Interviews zum ersten Mal nach 25 Jahren wieder. Das wird mir erst bewusst, als ich mich auf diesen Text vorbereite. Im Jahr 1995 habe ich für den ORF Burgenland eine Radioreihe über das Kriegsende 1945 gestaltet. Anlass war der 50. Jahrestag und damals lebten noch viele Männer und Frauen, die sich an die letzten Tage des Zweiten Weltkriegs erinnern konnten. Dabei erwähne ich diese Sendereihe immer, wenn man mich nach Interviews fragt, die mir in meiner Arbeit als Radio- und Fernsehjournalist in Erinnerung geblieben sind. Und ich habe die Tonbandkassetten mit den Originalaufnahmen immer noch in einem Regal in meiner Wohnung stehen, ein Tonmeister von Ö1 hat sie vor einigen Jahren sicherheitshalber digitalisiert. Aber hineingehört in die Aufnahmen habe ich all die Jahre nicht. Und jetzt kommt mir meine Stimme zugleich vertraut und gänzlich fremd vor, als Interviewer im Jahr 1995. Meistens stelle ich meine Fragen im burgenländischen Dialekt, in der Hoffnung, die Menschen leichter zum Reden zu bringen.

Ich wollte mit dieser sechsteiligen Serie die große Welt im Kleinen zeigen. Und Schauplatz der „kleinen Welt" war Frauenkirchen, die knapp 3000 Einwohner zählende Gemeinde östlich des Neusiedlersees. Jeden Tag

125

in der Karwoche des Jahres 1995 kamen Zeitzeuginnen und Zeitzeugen aus Frauenkirchen zu Wort: der frühere Franziskanerpater, der auf die heranrollenden sowjetischen Panzer zuging, um bei den „Russen" einen gewaltfreien Einzug in die Ortschaft zu erbitten; der ehemalige Wehrmachtssoldat, der das Kriegsende am Balkan miterlebte, aus der Kriegsgefangenschaft floh und sich auf abenteuerliche Weise nach Hause durchschlug; der Sohn des Frauenkirchner Bürgermeisters, dessen Familie sich aus Furcht vor der sowjetischen Armee mit dem Notwendigsten Richtung Westen aufmachte; der aus einer kommunistischen Familie stammende Deserteur, der wegen „Sippenhaftung" in einer Strafkompanie dienen hatte müssen und auf seiner Flucht von Prag nach Wien mehr als einmal dem Tod entrann; drei Schwestern, die sich in den letzten Tagen des Zweiten Weltkriegs auf dem Dach eines der vielen Gutshöfe im Seewinkel versteckt hatten; und Paul Rosenfeld, der aus einer der jüdischen Familien in Frauenkirchen stammte, auf dem Todesmarsch nach Mauthausen flüchten konnte und die letzten Kriegswochen mit falschen Papieren überlebte. Jedes dieser Interviews ist ein bewegendes Stück Zeitgeschichte. Jedes Gespräch zeigt die Schrecken des Krieges und des nationalsozialistischen Gewaltregimes aus einer anderen Perspektive. Aber was die Interviews verbindet, ist die Tatsache, dass alle meine Gesprächspartner und Gesprächspartnerinnen zum Zeitpunkt unserer Gespräche immer noch in Frauenkirchen wohnten. Nur der Franziskanerpater hatte 1995 seinen Alterssitz in einem Kloster in Wien. Die unterschiedlichen Lebensgeschichten sollten ein großes, ganzes Bild zeichnen. Das war das Ziel meiner Radioreihe. Und über all dem stand die Frage: Wie können Menschen mit so unterschiedlichen Schicksalen auf diesem kleinen Raum einer burgenländischen Ortschaft nach all dem Schrecklichen weiter zusammenleben?

Jetzt, wo ich diese Interviews wieder höre, wird mir bewusst, wie sehr meine Fragen um das Jahr 1945 kreisen, um die Wochen vor und unmittelbar nach dem Kriegsende, wo sich für alle die Welt in einem schrecklichen Chaos aufzulösen schien: die Angst um das Leben, die Sorge um Hab und Gut, die Erkenntnis, dass Familie und Freunde von den Nazis ermordet worden waren. Was in den Gesprächen viel zu kurz kam, ist die Zeit „danach", als die unmittelbare Not vorüber war und sich das Leben „normalisierte". In der „großen Welt" wissen wir, wie schnell Mitschuld und Mitverantwortung verdrängt wurden. In der Zweiten Republik schlüpfte Österreich geschmeidig in die Rolle des NS-Opfers. Erst die 1980er Jahre lösten mit der Affäre um den Bundespräsidentschaftskandidaten Kurt Waldheim und seine Zeit als Wehrmachtsoffizier am Balkan eine breite Auseinandersetzung mit der Verstrickung vieler Österreicherinnen und Österreicher in die Verbrechen des Nationalsozialismus aus. Kleines Detail – ich habe im Jahr 1986 in einem Gasthaus in Frauenkirchen als 21-Jähriger eine Wahlkampfrede von Kurt Waldheim miterlebt. Auch an diesem Abend sprach er von seinem Dienst in der Wehrmacht als „soldatische Pflichterfüllung".

Wie viel wurde in der „kleinen Welt" am Land aufgearbeitet? Wie viel wurde verdrängt? Frauenkirchen steht hier ja nur stellvertretend für viele oder sogar alle Gemeinden in ganz Österreich. In meinem Interview im Jahr 1995 spricht Paul Rosenfeld am ausführlichsten und klarsten über das Zusammenleben nach dem Krieg. Seine Eltern, seine Schwester und deren beide Kinder waren in Auschwitz ermordet worden. Trotzdem ist er einige Jahre nach dem Krieg als einziger Jude nach Frauenkirchen zurückgekehrt, hat den Landesproduktehandel seiner Familie weitergeführt und in späteren Jahren über sein Überleben in der NS-Zeit und über seine Rückkehr erzählt. Paul Rosenfeld ist 2003 verstorben. Auf der Aufnahme von 1995 ist er mit fester Stimme zu hören, er formuliert sehr klar und ein wenig mit Nachdruck: „Ich hatte nie einen Hass, und ich wollte mich nie revanchieren. Ich habe in meinem Leben viel Glück gehabt, und ich wollte nach vorne sehen." Das sind sehr starke Worte, die auch 25 Jahre später direkt berühren. Ich erzähle dem Historiker Herbert Brettl von meiner Radioreihe aus dem Jahr 1995 und von den Fragen, die mich jetzt wieder beschäftigen.

Herbert Brettl ist einer der besten Kenner der burgenländischen Zeitgeschichte, er hat selbst einige längere Gespräche mit Paul Rosenfeld geführt, die ihm zeigten, dass Rosenfeld sehr deutlich unterschied zwischen „Nazireservierten" und ehemaligen Nazis, insbesondere Tätern, die er mit Ignoranz strafte, während er mit den Nichtnazis gesellschaftliche und wirtschaftliche Kontakte pflegte. Die Nazis wussten oft nicht, wie sie sich verhalten sollten, wenn sie ihn sahen oder trafen. Er bemerkte dies auch mit Genugtuung. Herbert Brettl hat ein Buch über die Geschichte der jüdischen Gemeinde von Frauenkirchen verfasst. Diese war vergleichsweise groß, in den Jahren vor dem Zweiten Weltkrieg waren von den 3000 Einwohnerinnen und Einwohnern etwa 400 Jüdinnen und Juden.

Frauenkirchen war eine jener jüdischen Gemeinden im früheren Westungarn und späteren Burgenland, die unter dem Schutz ungarischer Adelsfamilien wie der Esterházy und der Batthyány standen. Über Jahrhunderte konnte sich in diesen Gemeinden jüdisches Leben entfalten, wie es in anderen Teilen der Habsburgermonarchie

nicht möglich war. Die Machtübernahme der Nationalsozialisten 1938 setzte dem ein brutales Ende. Es ist eines
der finstersten Kapitel der burgenländischen Geschichte,
dass in keinem österreichischen Bundesland die lokalen
nationalsozialistischen Machthaber ihre jüdischen Nachbarn so früh vertrieben wie im Burgenland. Die Zeit nach
dem Zweiten Weltkrieg sei auch im Burgenland eine Zeit
des Verdrängens gewesen, sagt Brettl:

> Die Bevölkerung war der Ansicht, dass die Opfer
> „entschädigt" und die Täter für ihre Taten „bestraft"
> worden seien. Der „normale" Mitläufer wollte nach
> vorn schauen, mit der Vergangenheit abschließen, die
> schlechte Zeit hinter sich lassen. Die Menschen waren
> der Ansicht, dass ja auch sie mit dem Kriegsende und
> der Besatzungszeit eine schwere Zeit durchgemacht
> hätten. Sie fühlten sich ebenfalls als Opfer.

Im Interview aus dem Jahr 1995 erzählt Paul Rosenfeld
von seinen regelmäßigen Reisen nach Israel und von seinen Begegnungen mit vielen jüdischen Frauenkirchnern,
die 1938 vertrieben wurden. Und er erzählt von dem Un-
verständnis, auf das er bei vielen Freunden stößt: Wie
kannst du dort noch leben? Diese Frage werde ihm ständig gestellt. Paul Rosenfeld war die Ausnahme unter den
Frauenkirchner Juden, die den Holocaust überlebt hatten.
Und das ist wohl der entscheidende Punkt. Wer überlebt hatte, kam nicht zurück und wurde dazu auch nicht
eingeladen. Das Wort „Verdrängung" bekommt so gesehen eine zweite, sehr brutale Bedeutung. Die Menschen
waren verdrängt worden – ermordet oder vertrieben –,
jetzt wurde auch die Erinnerung an sie verdrängt. Das
Zusammenleben – und das klingt jetzt zynisch – fand

meist ohne sie statt. Auch aus der Erinnerung wurden sie ausgeschlossen, zumindest was die Gedenkkultur angeht. In den meisten Gemeinden des Burgenlandes wurden schon bald nach dem Zweiten Weltkrieg Denkmäler für die getöteten und vermissten Soldaten errichtet. Aber Orte der Erinnerung für die Opfer der nationalsozialistischen Verfolgung gibt es bis heute nur wenige. Herbert Brettl meint dazu:

> Die Republik Österreich pochte nach 1945 erfolgreich darauf, ein Opfer des nationalsozialistischen Deutschen Reiches gewesen sein. Es wurde massiv vermittelt, dass Österreich keine Schuld und Mitverantwortung an den Kriegsverbrechen und dem Holocaust gehabt habe. Die Regierungen sahen über viele Jahre bei sich keine Verpflichtung, Wiedergutmachung an die NS-Opfer – eine Ausnahme waren die Widerstandskämpfer – leisten zu müssen. Somit verblieb die dominante Erinnerungskultur nach den Zweiten Weltkrieg bei den gefallenen Soldaten.

In Frauenkirchen gibt es auf Initiative von Herbert Brettl und einer Gruppe engagierter Bürgerinnen und Bürger seit 2016 eine Gedenkstätte für die vertriebenen und ermordeten Jüdinnen und Juden des Ortes. In diesem „Garten der Erinnerung" sind an einer Wand die Namen aller jüdischen Familien angeführt, die einst hier gelebt haben, darunter auch der Name Rosenfeld. Alles konzentriert sich für mich plötzlich auf diesen kleinsten Raum: Die Gedenkstätte befindet sich an der Stelle der ehemaligen Synagoge; nur einige Schritte davon entfernt ist das Haus, in dem Paul Rosenfeld wohnte. Hier habe ich 1995 das Interview mit ihm geführt. 25 Jahre danach wirken seine Worte wie ein Appell, stärker denn je:

Ich war viele Jahre nicht frei, und das ist das ärgste Gefühl, wenn ein Mensch nicht frei ist. Und das war meine Maxime für mein weiteres Leben: einen echten Hass zu haben gegen jede Diktatur. Ich bin froh, in Österreich in einem Rechtsstaat zu leben, wo ich gleichberechtigt bin mit jedem anderen. Das ist ein unerhörtes Gefühl.

Matthias Schmelzer, geboren 1965 in Gols, dort auch aufgewachsen, jetzt Zweitwohnsitz. Studium der Geschichte und der Politikwissenschaft in Wien, seit 1992 beim ORF: Stationen im Landesstudio Burgenland, bei Ö1 und Ö3, im ORF-Büro Brüssel, bei der „Zeit im Bild" und 13 Jahre bei der ZIB 2, außerdem redaktioneller Leiter der Sendereihe „ZIB 2 History". Leiter der Redaktion „Diskussionen" im ORF-Fernsehen.

100 Jahre

Peter Menasse

Juden sind keine mehr da

Vor mir liegen Aufzeichnungen eines alten Mannes über
seine Besuche im Burgenland der 1930er Jahre. Geschrieben hat sie der 1918 geborene, aus Wien stammende Hermann Burg im Alter von 86 Jahren in seiner neuen Heimat Brasilien. Dorthin war er vor den Nationalsozialisten
geflüchtet. Der Text ist auf wundersame Weise zu mir gekommen. Burg hatte sich beim Schreiben seiner Lebens-
stationen daran erinnert, dass er öfter in Kobersdorf auf
Sommerfrische gewesen war und sich jugendlich harmlos
in ein Mädchen namens Edith verliebt hatte. Daraufhin
gab er im Jahr 2004 in einer englischsprachigen jüdischen
Zeitung eine Anzeige auf, um Hinweise auf den Verbleib
seiner Jugendliebe zu bekommen. Zarte Liebe rostet auch
nach 70 Jahren nicht.

Meine Tante Franzi, die als Kind ebenfalls 1938 aus Wien
geflüchtet war und später aus London nicht mehr zurückkommen wollte, sah diese Anzeige und schickte sie
meiner Mutter, ihrer Schwester Edith, die allerdings in
ihrer Kindheit niemals im Burgenland gewesen war. Sie
informierte jedoch ihre Nichte Helen Liesl, deren Mutter, die Schwägerin meiner Mutter, ebenfalls Edith hieß.
Und tatsächlich war diese Edith die Gesuchte. Trauri-
ge Volte der Geschichte: 14 Tage, bevor die Nachricht

bei Helen Liesl ankam, war ihre Mutter verstorben. Der Sohn von Hermann Burg schickte uns dann die Lebenserinnerungen seines Vaters, die den portugiesischen Titel „Jantares de Shabat" tragen. Inzwischen wird Hermann Burg mit großer Wahrscheinlichkeit nicht mehr leben. Seine Erinnerungen jedoch sind mir nahe, als ob es ein Verwandter gewesen wäre, der mir die Geschichte seiner Jugend erzählt hat.

Heimat

Du kannst von einem Ort weggehen und in einem anderen ankommen, aber immer nimmst du ein Stück Seele mit, nie kannst du dich ganz lösen. Die Geschichte der Juden ist stets verbunden mit Ortswechseln. Meist mussten sie fliehen, vor Diskriminierung, Verfolgung und Tod. Manche gingen, weil in ihren Heimatorten die Ausübung ihrer Religion nicht mehr möglich war. Wie auch immer, wer so wie ich viel über jüdische Schicksale recherchiert und berichtet hat, weiß, dass immer ein Stück „Heimat" in dir steckt, sei es als schöne Erinnerung an die Kindertage, sei es als das genaue Gegenteil, als Verbitterung und Abscheu über das, was man dir angetan hat. Hermann Burg hatte so eine Heimat:

Im Jahr 1931 konnte mein Vater es sich leisten, für vierzehn Tage auf Urlaub zu gehen. Die jüdischen Familien, die sehr gut gestellt waren, fuhren im Sommer nach Baden bei Wien, nach Sauerbrunn, Vöslau oder gar auf den Semmering. Die Mittelklasse, die noch etwas auf Frömmigkeit hielt, fuhr nach Kobersdorf. Unsere erste Reise war ein großes Erlebnis. Wir nahmen zum ersten Mal ein Taxi zum Südbahnhof, wo wir einen Zug nach

Wiener Neustadt bestiegen. Dort warteten wir zwei
Stunden auf einen kleineren Zug, der ins Burgenland
fuhr. Er hielt an allen Stationen. Bei einigen stiegen
Bäuerinnen mit Hühnern oder Gänsen ein. Nach zwei
Stunden kamen wir in Weppersdorf an.

Vor dem Stationshäuschen wartete die Postkutsche,
um Sendungen in die umgebenden Dörfer zu bringen
oder Passagiere abzuholen. Die Kutsche war ein primi-
tives Vehikel mit winzigem Dach, zum Schutz gegen
Regen. Der Kutscher war ein magerer Mann mit einem
respektablen großen Schnurrbart. Er hieß Pini. Sein
Pferdchen nannte er Schani, was auf Wienerisch so viel
wie Diener bedeutet.

Das Pferdchen Schani hatte es nicht eilig, sodass
wir mit Muße die Landschaft betrachten konnten.
Wir fuhren über eine ebene Landstraße und bei kleinen Steigungen des Weges blieb der Schani manchmal
stehen und wartete auf das zweimalige Knallen der
Peitsche, um sicher zu sein, dass wir tatsächlich wei-
terfahren wollten. Der Weg führte an goldgelben Wei-
zenfeldern vorbei, begleitet von sattgrünen Futterpflan-
zungen, manchmal auch durch einen kleinen Wald von
jungen Fichtenbäumen, oder zu einer höher gelegenen
Lichtung mit buschigen Butterblumen und reifen
Maisfeldern. Manchmal kamen wir an einem einsamen
Bauernhof vorüber, wo man noch den harzigen Duft
von frisch geschnittenem Holz einatmete, das hoch ge-
schichtet längs der Straße abgelagert war. Der Großteil
der Felder war in kleinere Äcker aufgeteilt, sauber ab-
gegrenzt und mit verschiedenen Getreidearten, Futter-
gräsern und Gemüse bepflanzt. Ich hatte mich nach
vorne neben Pini gesetzt und auf meine Fragen erklärte
er mir ein bisschen die verschiedenen Gemüsearten und

Futterpflanzen, die sich durch ihre Farben unterschieden. Alles war für mich neu, und ich bedauerte es fast, als wir nach ungefähr eineinhalb Stunden entlang des Koberflüsschens in Kobersdorf ankamen und an der Post hielten.

Mein eigenes Gehen aus Wien und Ankommen im Burgenland folgt keinem Fluchtgrund. Ich kann einmal da und einmal dort sein und finde das Kommen und Gehen angenehm. Im Burgenland bin und bleibe ich allerdings ein Zuagraster und sollte daher tunlichst nicht allzu kritisch mit den Verhältnissen umgehen. Was aber die Wahlheimat und seine Beziehung zum Judentum betrifft, mag ich nicht ruhig sein.

Wer ist Jude?

Schließlich bin ich auf widersprüchliche Weise selber Jude. Dazu muss ich einen kurzen Exkurs zur Frage der Jüdischkeit einfügen. Bis zum Beginn der Epoche der Aufklärung, also im 18. Jahrhundert war es einfach: Es gab Menschen, die in die katholische oder evangelische Kirche gingen, und solche, die in der Synagoge beteten. Ohne Religion war niemand. Dann aber brachen neue Zeiten heran, mit Französischer Revolution, zunehmenden Bildungschancen und dem Aufkommen von Massenideologien, wie dem Sozialismus. Mehr und mehr Menschen wandten sich vom institutionalisierten Glauben ab. Das ging schnell in den Städten mit ihrer Anonymität, langsamer am Land mit der dort vorhandenen gesellschaftlichen Kontrolle. Die Juden des europäischen Ostens wurden noch lange kaum von der Säkularisierung erfasst. Die Männer studierten die Thora, lehrten die Buben und überließen die praktischen Dinge des Lebens den Frauen. So war es auch im damaligen Ungarn und dann in den späteren „Sieben Gemeinden" des Burgenlands. In den Erinnerungen von Hermann Burg klingt das so:

> Kobersdorf ist ein größeres Dorf im Burgenland, wo damals drei verschiedene Gemeinden in Frieden zusammenlebten. Eine katholische, eine protestantische und eine jüdische. Es gab zwei koschere Restaurants, wovon das eine von der älteren jüdischen Frau Riegler, ihrem Sohn und den Töchtern des Rabbiners geleitet wurde, während das andere von einem gewissen Herrn Weltsch und seiner jungen Frau verwaltet wurde. Es gab im Dorf nur einen jüdischen Schlächter, der die ganze Gemeinde unter Aufsicht des Rabbiners belieferte. Das Essen in beiden Restaurants war vorzüglich und niemals wieder habe ich so gute Paprikahühnchen und Gänseleber gegessen. Die Torten waren einmalig, der Wein süffig und an Samstagabenden brachte Herr Weltsch einige Zigeuner ins Haus, die den Gästen und manchen Verliebten auf der Geige ihre schwermütigen und romantischen Melodien zuspielten.

In Wien hatten sich viele Juden im 20. Jahrhundert längst von der Religion verabschiedet. Sie lebten als scheinbar Gleiche unter Gleichen. Bis Hitler kam und mit ihm die Erfindung einer „jüdischen Rasse", ein Konstrukt, das alle umfasste, die nicht dokumentarisch nachweisen konnten, dass ihre Vorfahren keine Juden gewesen waren. Nicht die Religion gab den Ausschlag, sondern der „Ahnenpass".

Ich bin so einer, dessen Vorfahren Juden waren. Gerade erst habe ich an einem Buch über meine Großmutter mitgearbeitet, die 1897 in einem russischen Stetl zur Welt kam, ausnahmslos umgeben von tiefgläubigen Menschen. Sie lernte das Flüchten, von Russland nach Tarnopol im K.-u.-k.-Österreich, vor den Russen zu Beginn des Ersten Weltkriegs nach Wien und schließlich 1938 vor den Nationalsozialisten nach England. Unterwegs hat sie die Religion hinter sich gelassen. So sind ihre Kinder und Kindeskinder zum Großteil ganz ohne Religion aufgewachsen. Aber sie alle haben gelernt, dass es Menschen gibt, die sie nach ihren eigenen Regeln als Juden klassifizieren. Sie könnten wieder Opfer von Verfolgung werden, weil die Definitionshoheit über ihr Judentum nicht bei ihnen liegt. Feinde machen uns zu Juden. Okay, wir nehmen das an: Wir sind stolze Juden.

Das Vermächtnis ist klar: Ich bin kein religiöser, sondern ein „politischer Jude". Als solcher stehe ich auf der Seite von Verfolgten. Mein Vater konnte mit Hilfe eines von den Quäkern organisierten Kindertransports als Kind nach England flüchten. Mehrere tausend Kinder wurden so gerettet, ein Bruchteil der dem Tode geweihten Kinder, aber doch einige. Englische Familien nahmen sie auf, der Staat unterstützte sie – und ich beispielsweise verdanke dieser Großzügigkeit in weiterer Folge mein Leben. Ein paar Kinder aus griechischen Lagern oder von anderswoher, um das Politische gleich zu verdeutlichen, sind bei weitem nicht alle der heute der Unmenschlichkeit ausgesetzten Kinder. Aber jedes, das wir aufnehmen, bedeutet ein ganzes Leben. Auch das hat etwas mit Österreichs Vergangenheit zu tun.

„Das Burgenland ist judenrein"

Zurück zur neuen Heimat. „Das Burgenland ist judenrein", ließ „Gauleiter" Tobias Portschy bereits im November 1938 stolz verlauten, nur wenige Monate nach dem sogenannten Anschluss Österreichs an Deutschland und dem Beginn der nationalsozialistischen Herrschaft. Die rund 4000 damals im Burgenland zumeist in einer der „Sieben Gemeinden" lebenden Juden wurden aus ihrer Heimat vertrieben. Ihr Eigentum raubten Parteiangehörige, Nachbarn, wer auch immer. Darüber hinaus richtete sich der mörderische Feldzug der Nazis auch gegen Roma, gegen politisch Andersdenkende, gegen alles, was anders war, als die faschistische Norm vorschrieb.

Ein Teil der burgenländischen Juden hatte Glück im Unglück. Weil Portschy so rigoros gegen sie vorging, wurde vielen klar, dass sie die Flucht aus Österreich antreten mussten. Wie sagt die Tante Jolesch: „Gott soll einen hüten vor allem, was noch ein Glück ist". Am Ende kam dann doch ein Drittel der burgenländischen Juden in den Konzentrationslagern ums Leben.

Viel habe ich, und nicht nur ich, darüber nachgedacht, was die Menschen dazu getrieben hat, sich so gegen ihre Nachbarn zu wenden, aber auch, warum so viele bis heute nicht darüber reden wollen. Es gibt eine Reihe von Erklärungsversuchen, aber keiner mag überzeugen.

Die Juden des Burgenlands waren mehrheitlich tiefgläubige, in der Religion verwurzelte Menschen. Sie haben wohl so ähnlich ausgeschaut, wie heute die ultraorthodoxe Bevölkerung von Jerusalem oder jene rund um den

Wiener Karmelitermarkt. Die Mehrheitsgesellschaft in den burgenländischen Gemeinden war damals jedoch auch nicht viel anders gekleidet – die Frauen trugen Kopftuch und lange Kleider, die Männer Hüte und dunkle Anzüge. Man habe sich auch gegenseitig unterstützt, liest man in Erzählungen über die Zeit vor dem Nationalsozialismus. Am Schabbat, wenn Juden keine Arbeit verrichten durften, haben die christlichen Nachbarn ihnen mit Handreichungen geholfen. Wo also kam der Hass her? Die jüdische Religion ist keine missionierende Bewegung. Im Unterschied zu anderen Weltreligionen wollen gläubige Juden niemanden zu ihrem Glauben bekehren. Eher das Gegenteil ist der Fall, sie wollen unter sich bleiben. Man hätte sie lassen können.

Wie lange Liebe währt

Lieber Hermann Burg, du hast das Burgenland so geliebt, dass du auch noch Jahrzehnte später in deiner neuen Heimat davon geschwärmt hast. Ich befürchte, es hat dich nach dem Krieg keiner eingeladen zurückzukommen. War es Scham, waren es Schuldgefühle, die sie abgehalten haben, dir die Hand hinzustrecken? Dabei hast du dich ihnen doch so nahe gefühlt.

Ich machte im Dorfe in den ersten Jahren auch die Bekanntschaft eines Bauernjungen meines Alters, von dem ich ein bisschen über Ackerbau und Viehzucht belehrt wurde. Wenn seine Eltern die Ernte einholten und die großen Heupakete, die auf den Feldern bereitet wurden, in die Scheunen brachten, half ich immer mit, besonders wenn ein Gewitter drohte. Ich war ein guter Turner und stand meistens ganz oben auf dem

Wagen und reichte mit einer Heugabel die Pakete in den Schuppen. Manchmal fuhr ich auch mit auf die Felder, wo gepflügt wurde und bald lernte ich, die beiden Ochsen zu lenken und mit der Peitsche zu knallen. Die Bauersleute freuten sich über den Stadtjungen, der so geschickt war und sich auch für Ackerbau interessierte. Wenn die Ferien aus waren, gaben sie mir immer Winterobst nach Wien mit, das sich dann einige Wochen lang hielt.

Der Grund für den Hass auf die Juden erschließt sich mir nicht. Genauso wenig wie der Antisemitismus, der auch heute da und dort aufflackert. Der dumme, geifernde Hass auf Juden überlebt auch in einem Land ohne Juden.

Warum wäre es wichtig zu analysieren, wie der Furor einer ganzen Gesellschaft gegen Minderheiten entstehen kann und sich aufschaukelt? Ohne diesen Befund bleiben alle die gut gemeinten Appelle bei Gedenkveranstaltungen, wie das „Nie wieder" nichts als hohle Floskeln, die nur geeignet sind, die Redner selbst zu befriedigen, nicht aber die Gesellschaft zu ändern.

Über das Erinnern

In den zehn Jahren, die ich jetzt, alternierend mit Aufenthalten in Wien, im Burgenland bin, erlebe ich intensive Versuche in vielen Gemeinden, die Geschichte der Juden und, mit bedauerlicherweise weniger Energie, die Geschichte der Roma aufzuarbeiten.

Das Burgenland ist dabei Schlusslicht in einem Österreich, das ohnehin lange, viel zu lange gebraucht hat, sich der Vergangenheit zu stellen. Aber es finden sich zuletzt auch schöne Beispiele, wie etwa die derzeitigen Bemühungen in just jenem Kobersdorf, das Hermann Burg so liebte. Dort werden durch den Verein „Schalom" die Grabsteine des großen jüdischen Friedhofs gesäubert und die Inschriften elektronisch erfasst. Mehr als 1400 Gräber umfasst die Begräbnisstätte, die heute von einem Wald erobert da liegt, als ob die Bäume sich stellvertretend der toten Juden annehmen wollten. Nachfahren können keine mehr auf Besuch kommen, weil sie entweder selbst irgendwo im Osten Europas verscharrt worden sind oder aus der Emigration nicht mehr zurückkommen wollten.

Zuletzt hat das Land Burgenland die Überreste der großen Kobersdorfer Synagoge übernommen. Diese soll in Zusammenarbeit mit dem Bundesdenkmalamt restauriert und zugänglich gemacht werden. Es grenzt an ein Wunder, dass dieses Bethaus nicht dem Pogrom des Novembers 1938 zum Opfer gefallen ist. Man konnte es nicht in Brand stecken, weil ein Übergreifen der Flammen auf das nahe gelegene Schloss befürchtet wurde. Und schließlich weigerte sich ein Sprengmeister, die Synagoge in die Luft zu jagen, weil bei der wenige Tage davor durchgeführten Zerstörung der Synagoge in Deutschkreutz ein Kind von einem herabfallenden Stein getroffen worden war.

Das Kapitel der Juden im Burgenland ist längst geschlossen. Ich könnte die mich mitunter befallende und nicht auf dieses Bundesland allein beschränkte Bitterkeit hochkommen lassen, die sagt: Euer „Wehret den Anfängen" braucht ihr nicht mehr für die Juden sagen, denn es gibt hierzulande kaum mehr welche. Wendet es doch an Kinder an, die heute verfolgt werden, dem Hass zu Opfer fallen, Kinder, die jetzt zu retten wären. Aber dieser Schlussfolgerung wollen leider nur wenige folgen.

Wenn der Sommer kommt, gehe ich ein Stück des Weges mit dir, Hermann Burg aus Brasilien, und du erzählst mir, wie es war, im friedlichen, gemeinsamen Burgenland.

Die Frauen aus Wien mieteten in den Ferien ein oder zwei Zimmer bei den christlichen oder jüdischen Dorfbewohnern und kochten dann für ihre Familien. Die Männer kamen meistens am Freitagnachmittag, um das Wochenende mit Frau und Kindern zu verbringen. Die Jugend traf sich meistens schon am Vormittag auf einer nahen Bergwiese, wo wir Lieder sangen, Witze erzählten und manche Spiele veranstalteten. Die älteren und frommen Männer separierten sich und bezogen einen Platz, wo sie ungestört zusammen den Talmud studieren konnten. Hinter der Wiese begannen die großen Nadelwälder, die noch dem Grafen Esterházy gehörten, aber zum Wandern freigegeben waren. Oftmals machten wir kleine Wanderungen durch die Wälder, um Zyklamen oder Brombeeren zu pflücken, oder gingen an der alten Mühle vorbei, wo wir gerne ein bisschen rasteten und dem Geplätscher des Wassers lauschten.

Peter Menasse lebt seit rund zehn Jahren im burgenländischen Trausdorf/Trajštof und in Wien. Der studierte Betriebswirt ist Kommunikationsberater mit Agentur in Eisenstadt und Publizist. Er war langjährig Chefredakteur des jüdischen Magazins „Nu". Büchermitarbeit: 2019 „Hans Menasse – The Austrian Boy" und 2020 „Ella Schapira (1897–1990) – Lebensgeschichte einer jüdischen Kleidermacherin", beide im Böhlau Verlag.

Gerhard Baumgartner

„Adaj me kher som!" oder: „Wie ich die Roma entdeckte"

Am 5. Februar 1995 war ich mit meinem fünfjährigen Sohn auf dem Weg von Wien zu meinen Eltern in Großpetersdorf. Von der Umfahrungsstraße aus sah ich, dass auf der Straße vor der Romasiedlung Oberwart mehrere Autos und Leute standen. Im Kaffeehaus Huszar in Großpetersdorf erfuhr ich von meinem alten Freund Erich Schneller, einem ORF-Journalisten, Romakenner und langjährigen burgenländischen Romaaktivisten, dass in der Nacht ein Bombenattentat auf die Romasiedlung verübt worden war. Die Nachricht schockierte uns tief. Sie riss uns und unsere Freunde aus der burgenländischen Romabewegung jäh aus jener Euphorie, in der wir seit der Anerkennung der Roma als sechste österreichische Volksgruppe im Dezember 1993 gelebt hatten.

Das Bombenattentat von Oberwart war der erste politische Mord der Nachkriegszeit, in dem ein Österreicher vier seiner Landsleute aus politischen Motiven tötete. Er markiert das Ende von fünf Jahrzehnten friedfertiger und konsensualer Politik in Österreich und ein Wiedererwachen eines mörderischen, rassistischen Rechtsextremismus. Erwin Horvath, Karl Horvath, Peter Sarközi und Josef Simon, die vier Opfer des Bombenattentats von Oberwart, wurden Opfer einer rechtsextremen Ideologie, die sich gegen Minderheiten im eigenen Land und gegen Zuwanderer richtete und bis heute richtet.

143

Die Bombe von Oberwart war eine direkte Reaktion auf die Anerkennung der Roma als österreichische Volksgruppe. Dem war ein langes und zähes Ringen vorausgegangen. Schon seit den 1970er Jahren hatten Vertreter österreichischen Volksgruppen und internationale Romaaktivistinnen und -aktivisten immer wieder eine Anerkennung gefordert. Ausschlaggebend aber war eine Protestaktion in Oberwart. Dort hatten Lokalbesitzer in den 1980er Jahren allen Jugendlichen aus der Romasiedlung den Zutritt zu Diskotheken und Cafés verweigert, einfach weil sie „Zigeuner" waren. Auf Initiative der damals 18-jährigen Romni Susanne Horvath-Baranyai wandten sich die Jugendlichen 1987 in einem Brief an Bundespräsident Kurt Waldheim und erbaten dessen Hilfe gegen diese diskriminierende Aussperrung. Die Bemühungen führten vier Jahre später zur offiziellen Anerkennung. Damit gelang es den österreichischen Roma und Sinti, einen Schritt vom Rand der österreichischen Gesellschaft in ihre Mitte zu machen, wie es der spätere Vorsitzende des Volksgruppenbeirates Rudolf Sarközi formulierte.

Die Anerkennung markierte tatsächlich das Ende einer jahrhundertelangen Verfolgungsgeschichte. In der Zwischenkriegszeit lebten rund 12.000 österreichische Roma und Sinti auf dem Gebiet des heutigen Österreich. Die Mehrzahl davon, rund 9000, im Burgenland. Dem Rassenwahn der Nationalsozialisten fielen 90 Prozent zum Opfer. 5000 von ihnen wurden in das Zigeunerlager Litzmannstadt im heutigen Łódź verschleppt und 1942 im Lager Chelmno ermordet. Tausende österreichische Roma und Sinti starben im Konzentrations- und Vernichtungslager Auschwitz-Birkenau. Den wenigen, völlig traumatisierten Überlebenden, schlug auch nach 1945 in ihrer Heimat eine Welle der Ablehnung entgegen. Ihre

Häuser waren fast ausnahmslos zerstört, ihre Ansprüche auf Haftentschädigung und Opferfürsorge wurden über Jahrzehnte nicht anerkannt. Erst ab Ende der 1970er Jahre konnten sie Anschluss an den österreichischen Lebensstandard der Nachkriegszeit finden. Doch vom Schulsystem – und damit auch vom Arbeitsmarkt – blieben sie weitgehend ausgeschlossen, ihre Kinder wurden einfach in die sogenannte Sonderschule abgeschoben.

In den 1960er Jahren war das im Burgenland normal. Auch ich hinterfragte als Volksschüler nie, warum einige meiner Freunde, die denselben Schulweg hatten, nicht in unserer Klasse saßen. Sie kamen damals zu Fuß einige Kilometer aus dem Nachbardorf. Vielleicht war meine Freundschaft mit den Kindern aus Bachselten dem Umstand geschuldet, dass auch ich in der Volksschule Großpetersdorf ein Neuling und Außenseiter war. Ich war bei meinen ungarischsprachigen Großeltern im Nachbarort Siget in der Wart/Őriziget aufgewachsen und hatte erst im Kindergarten in Oberwart Deutsch gelernt, Hochdeutsch wohlgemerkt. Mit meinem Hochdeutsch war ich in der Volksschule zwar der Liebling der Frau Lehrerin, aber gleichzeitig auch das Gespött meiner Klassenkameraden, deren heanzischen Dialekt ich anfangs kaum verstand und die mein Hochdeutsch amüsant, nein, offen gesagt lächerlich fanden.

Dass meine Freunde aus Bachselten wahrscheinlich deshalb in die Sonderschule gingen, weil ihre Muttersprache Romanes war und sie im Gegensatz zu mir nicht das Glück hatten, vor ihrer Einschulung im Kindergarten Deutsch zu lernen, konnte ich damals natürlich nicht wissen. Wie ich später erfuhr, haben die Überlebenden der Konzentrationslager zwar die Sprache an ihre Kinder und Enkel weitergegeben, aber immer darauf bestanden,

145

dass es eine Geheimsprache bleiben müsse. Traumatisiert vom Völkermord der NS-Zeit, wollten sie sich gegenseitig warnen können, falls es den „Gadje" wieder einfallen sollte, sie zu verfolgen. Das Schulsystem dieser Zeit war allen österreichischen Minderheiten gegenüber äußerst zynisch und brutal. Auch die Schüler der ungarisch- und kroatischsprachigen Volksschulen landeten meist in der Bildungssackgasse. Denn weiterführende Schulen in den Minderheitensprachen gab es nicht. Wer in die Hauptschule oder gar ins Gymnasium gehen wollte, brauchte Eltern, die ihre Kinder entweder in deutschsprachigen Volksschulen der Nachbarorte anmeldeten oder sie durch intensiven zusätzlichen Nachhilfeunterricht durch diese weiterführenden Schulen brachten. Meine Schulkameraden aus Kleinbachselten hatten diese Chancen nicht. Ihre Eltern und Großeltern, die mit viel Glück den nationalsozialistischen Völkermord überlebt hatten, kämpften da gerade verbissen, aber meist hoffnungslos um Haftentschädigungen und Opferfürsorgezahlungen, lebten oft in Großfamilien in kleinen Häusern ohne Wasser und Strom und waren in den meisten Fällen Analphabeten. Ab 1938 war den Roma ja durch einen Erlass des burgenländischen NS-Landeshauptmanns Tobias Portschy der Schulbesuch generell verboten worden.

Als Kinder ahnten wir natürlich nichts von alldem. Mit Roma trafen wir kaum zusammen. Nach Siget kamen manchmal zwei oder drei Männer als Messerschleifer, Besenbinder und als Musikanten, einmal auch mit einem Tanzbären, die zu Neujahr von Haus zu Haus zogen, um mit einem Ständchen ein gutes neues Jahr zu wünschen. Meine Großmutter gab ihnen dann meist etwas Geld, oder sie gab es mir, um es den Musikern in die Hand zu drücken.

Natürlich ist man als Angehöriger einer Minderheit keineswegs davor gefeit, selbst rassistisch zu sein. Rassistische Einstellungen gehörten im westungarisch- burgenländischen Raum bis zur Mitte des 20. Jahrhunderts zum kulturellen Code der Region, den man sozusagen mit der Muttermilch aufsog. Solche rassistischen Vorurteile wurden von uns Kindern in der Regel völlig unhinterfragt übernommen. Ich erinnere mich an meinen Lateinprofessor im Gymnasium Oberschützen, den wir als Schüler sehr verehrten, weil er uns das Gefühl gab, uns als Gesprächspartner ernst zu nehmen. Und wenn dieser verehrte Lehrer einmal so nebenbei sagte: „Na bei einem Fleischhacker, wo ein Zigeuner arbeitet, kauf ich doch keine Wurstsemmel!", dann war damit auch für uns die Sache gegessen. Ich muss gestehen, dass ich selbst noch als aktiver Funktionär der Evangelischen Jugend, in der wir die auf Rassismus basierende Diskriminierung der amerikanischen Schwarzen debattierten, nie auf die Idee kam, dass es ähnliche Vorurteile auch bei uns gab, ja, dass ich selbst mit ihnen aufgewachsen war und sie auch verinnerlicht hatte.

Den Ausschlag zum Umdenken gab für mich und die meisten meiner Generation 1979 die Publikation eines Bandes des Dokumentationsarchivs des österreichischen Widerstandes zum Thema „Widerstand und Verfolgung im Burgenland 1934–1945". Hitler war uns natürlich ein Begriff, aber vom Holocaust hatten wir nur ansatzweise gehört. Unser Geschichtsprofessor, ein gefürchteter, aber kompromisslos der historischen Wahrheit verschriebener Historiker, schloss den Unterricht in der Maturaklasse mit dem Kapitel „Zweiter Weltkrieg und Holocaust" ab. Wie ich heute weiß, war das im Jahr 1976 außergewöhnlich mutig innerhalb einer Professorenschaft, in deren

Reihen sich zahlreiche ehemalige NSDAP-Mitglieder und angeblich sogar SS-Männer tummelten. Aber so genau wussten wir das damals alles nicht. Für uns war der Holocaust ein Verbrechen, das sich an uns völlig unbekannten Orten mit unaussprechlichen Namen ereignet hatte, begangen von uns völlig fremden Menschen, mit denen wir nichts zu tun hatten und die uns nichts angingen.

Und dann kam plötzlich dieses Buch, in dem wir von hingerichteten Widerstandskämpferinnen und -kämpfern aus Oberwart, Pinkafeld und anderen Orten lasen, von tausenden von vertriebenen und ermordeten Juden und natürlich von Tobias Portschy, dem ersten NS-Gauleiter des Burgenlandes und dem fanatisch rassistischen Einpeitscher und Ideengeber für den Völkermord an den europäischen Roma und Sinti. Tobias Portschy, der in unser Gymnasium gegangen war, der als zeitweiliger NS-Gauleiter-Stellvertreter der Steiermark fungierte, der nach 1945 zu einer jahrzehntelangen Haftstrafe verurteilt worden war, aber nach wenigen Jahren begnadigt wurde und seitdem als angesehener Hotelier in Rechnitz lebte. Portschy feierte – wie man sich erzählte – selbst in den 1980er Jahren noch immer am 20. April „Führers" Geburtstag.

Von den 9000 aus dem Burgenland deportierten Roma stammten 5000 aus dem Bezirk Oberwart. Das waren damals fast 10 Prozent der Bevölkerung. Und in Lackenbach im Bezirk Oberpullendorf stand von 1940 bis 1945 das größte „Zigeunerlager" des „Dritten Reiches". Für die meisten von uns war das wie eine schreckliche Offenbarung: Die Opfer und die Täter lebten ja mitten unter uns!

Wir Studenten waren von den Informationen aufgerüttelt. Daher beschlossen wir im Sommer 1981, in Oberwart eine Ausstellung unter dem Titel „Widerstand und Verfolgung im Südburgenland" zu organisieren, in der wir auf das Schicksal der vertriebenen Juden, der Widerstandskämpfer, vor allem aber der tausenden Romaopfer aufmerksam machen wollten. Womit wir nicht gerechnet hatten, war der Widerstand, der uns entgegenschlug. In Oberwart gab es plötzlich keinen Saal für unsere geplante Ausstellung und nur der katholische Pfarrer der Stadt, ein kämpferischer Seelsorger, der die meiste Zeit mit seinem Bischof im Clinch lebte, stellte uns die Räumlichkeiten des katholischen Gemeindezentrums zur Verfügung. Und da der Bezirksschulinspektor den Schulen den Besuch der Ausstellung untersagt hatte, kamen natürlich besonders viele Schüler. Die meiste Aufregung aber verursachte unser Denkmal für die ermordeten Roma. Der ORF-Journalist Erich Schneller und sein Bruder Josef Schneller, Kunstpädagoge und Politologe, entwarfen ein Denkmal für die verschleppten und ermordeten Roma, provisorisch aus Holz, Spanplatten und Stacheldraht zusammengebaut, das wir im Stadtpark von Oberwart aufstellten, 20 Meter vom Kriegerdenkmal der Stadt entfernt. Der Schriftsteller Peter Wagner formulierte den in Kreuzform angeordneten Text „tot, tot, verschleppt, ermordet, tot, tot, tot" sowie die provokante, auf einen Operettenschlager anspielende Inschrift: „Komm Zigan, Auschwitz, Buchenwald, Mauthausen, Nazi Mörder". Ein Sturm der Entrüstung schlug uns entgegen, das Denkmal wurde, obwohl es kaum 100 Meter vom Gendarmeriekommando entfernt stand, noch in der ersten Nacht mit Farbe übergossen. Die Täter feierten ihre Heldentat danach lautstark im Gasthaus, die polizeilichen Ermittlungen verliefen erwartungsgemäß im Sande. Mein Vater war auch außer sich vor Zorn und wies mich mit den Worten „Der Onkel Willi war kein Mörder!" aus dem Haus. Der Onkel Willi war sein geliebter und verehrter Onkel, der Bruder meiner Großmutter, der bereits 1948 gestorben war. Aber, wie ich heute weiß, war er in der NS-Zeit nicht nur Bezirksschulinspektor von Oberwart, sondern auch ein SS-Mann, der die Deportation der Roma aktiv befürwortet hatte. Damals wurde uns bewusst, dass der Holocaust auch vor unserer Haustür stattgefunden hatte und – ob es uns gefiel oder nicht – auch Teil unserer eigenen Familiengeschichte war.

Der Bombenanschlag von Oberwart und die Briefbombenserien der Jahre 1993 bis 1996 markierten nicht nur den Beginn einer neuen Welle rassistischer und rechtsextremer Hetze und Gewalt in Österreich. Für die Roma bedeutete das Attentat auch den Beginn einer völlig neuen Erfahrung. Erstmals in der Geschichte solidarisierten sich die Organe der Republik und weite Teile der Bevölkerung mit den Roma. Am Begräbnis der Opfer, unter Anwesenheit des Bundespräsidenten sowie Vertretern der Bundes- und Landesregierung, nahmen über 10.000 Menschen teil. Es war eigentlich ein Staatsbegräbnis. Politische Vertreter machten es sich in den Folgemonaten zum Anliegen, sich bei allen öffentlichen Anlässen mit Minderheitenvertretern zu zeigen. Plötzlich saßen Rudolf Sarközi oder der Maler Karl Stojka in der ersten Reihe der Salzburger Festspiele.

Als besonderes Beispiel sei ein europaweit richtungsweisendes Projekt hervorgehoben, das in Oberwart seinen Anfang nahm: die Etablierung der außerschulischen Lernbetreuung. 1995, zum Zeitpunkt des Attentats, hatte fast kein Bewohner der Romasiedlung Oberwart eine abgeschlossene Schul- oder Berufsausbildung. Mit Hilfe der außerschulischen Lernbetreuung gelang es, die schulischen und beruflichen Karrieren von Romakindern im Burgenland völlig dem burgenländischen Standard anzugleichen. Heute gibt es unter den österreichischen Roma und Sinti statistisch gesehen genauso viele Maturanten und Studenten wie in der übrigen österreichischen Bevölkerung. Rückblickend ist es eigentlich beschämend zu sehen, wie wenig notwendig gewesen wäre, um den überlebenden Roma und ihren Kindern die vollwertige Teilhabe am Wirtschaftswunder der Nachkriegszeit zu ermöglichen.

Schon längst gibt es zahlreiche profilierte Minderheitenvertreter unter den österreichischen Roma und Sinti und zahlreiche Mitglieder der Minderheit nehmen heute führende Stellungen in Unternehmen und Verwaltungsbehörden ein. Rudolf Sarközi, ein Autodidakt, sprach 2004 in Brüssel und 2007 vor den Vereinten Nationen in New York. Mirjam Karoly leitete über viele Jahre das Büro des Contact Point for Roma and Sinti Issues der OSCE in Warschau. Sie ist die Tochter eines Rom, den der österreichische Anthropologe Walter Dostal noch in den 1960er Jahren in einem wissenschaftlichen Film über eine am Rand von Mörbisch lebende Romafamilie porträtierte. Die Geschichten vom sozialen Aufstieg innerhalb einer Generation, aus einem Häuschen in der Romasiedlung ohne fließendes Wasser in die Chefetagen wichtiger internationaler Organisationen, verdeutlichen vielleicht am besten den enormen sozialen Wandel, den viele österreichische Romafamilien in den Nachkriegsjahrzenten durchlaufen konnten. Da bedurfte es natürlich auch eines deutlichen Gesinnungswandels. Und es stimmt mich hoffnungsvoll und auch ein wenig stolz, wenn heute viele Romafamilien nicht mehr am Rande der Dörfer leben müssen; wenn das burgenländische Minderheitenschulgesetz meines Wissens das einzige in Europa ist, das Romanes als offizielle Schulsprache anerkennt; und wenn vor dem Landesstudio des ORF-Burgenland vier Fahnen im Winde flattern und stolz viersprachig verkünden: „Ovde sam doma! / Itt otthon vagyok! / Da bin ich daheim! / Adaj me kher som!"

Gerhard Baumgartner, geboren 1957, Historiker und Journalist; aufgewachsen in Siget in der Wart/Őrisziget und Großpetersdorf, wissenschaftlicher Leiter des Dokumentationsarchivs des österreichischen Widerstandes (DÖW), Leiter des Forschungsprojekte der IHRA (International Holocaust Remembrance Alliance) zum Schicksal der europäischen Roma und Sinti während des Holocaust (www.romasintigenocide.eu).

Barbara Tóth

Wenn der See kippt

Der Neusiedler See erlebt seine zweite Gründerzeit.
Wer schaut darauf, dass er nicht komplett
kommerzialisiert wird?

Es gibt sie jetzt schon, jene Gäste, die den Neusiedler See mit dem Wörthersee verwechseln. Ein windiger Wochentag im Sommer 2020. Sundowner-Stimmung im derzeit beliebtesten Lokal am burgenländischen Steppensee, dem „Fritz" in Weiden am See am einst weniger schicken Ostufer. Hier senkt sich die Sonne im Cinemascopeformat über dem See. Gastronom Fritz Tösch hat eine weitere Loungeebene ans Ufer gebaut, damit seine Gäste diesen Moment genießen können, ein Glas Aperol Spritz in der Hand, so glühend orange wie das Himmelsspektakel. Auftritt einer ganz in Weiß gekleideten Partie, zwei Herren, zwei Damen, vier Weingläser und eine gut gekühlte Flasche in der Hand. Sie klettern in ein elegantes Schnellboot am Ende der kleinen Marina vor dem Lokal, der Motor röhrt auf und schon sind sie außer Sichtweite, hinter sich eine schlammige Kielwelle.

An die dröhnenden Elektroschnellboote, die seit einigen Jahren über den nicht einmal 2 Meter tiefen See fetzen, haben sich die Badegäste inzwischen schon gewöhnt. Für sie ist der See vor allem eines: romantische Instagram-Kulisse, ein Hauch von Meeresstimmung in Mitteleuropa, nur eine knappe Stunde Zug- oder Autofahrt von der

Metropole Wien entfernt. Für Kritiker ist jedes dieser Schnellboote ein Warnsignal für die Goldgräberstimmung rund um den See.

Die Region im Dreiländereck Österreich, Ungarn und Slowakei erlebt seit einem knappen Jahrzehnt eine zweite Gründerzeit. Um die Jahrtausendwende kamen die Foodys und Weinliebhaber und entdeckten die „Genussregion" rund um den See mit ihren Haubenlokalen und preisgekrönten Winzern. 2004 eröffnete die „Mole West" in Neusiedl am See und definierte den Seetourismus neu. Aus der Schlammlacke wurde ein Sehnsuchtsort, ein Meeressurrogat.

Allein in Neusiedl am See wuchs die Bevölkerung binnen zehn Jahren um fast 30 Prozent und damit stiegen die Grundstückspreise. Die Hälfte der burgenländischen Tourismuseinnahmen wird am See erwirtschaftet, im letzten Jahrzehnt waren es nahezu 20 Prozent mehr als davor. Es folgten Investorenprojekte, die sich gerne als Hotels tarnen, am Ende aber seltsamerweise oft Lofts im Eigentum mit Seeblick verkauften wie in Neusiedl am See. Und mit der Klientel, die sich diese Schmuckstücke, die selten weniger als 1 Million Euro kosten, leisten kann, kamen die dazugehörigen teuren Elektroschnellboote.

Jetzt läuft die Kommerzialisierung der wenigen Freiflächen am See, der fast überall von einem dichten – und unter Naturschutz stehenden – Schilfgürtel umgeben ist. Meistens sind es die wenigen in die Jahre gekommenen Seebäder, die neu entwickelt werden. Breitenbrunn, das seit kurzem wieder unter Kontrolle der Esterházy-Stiftung ist, der größten Grundeigentümerin am See, be-

kommt ein komplett neues Gesicht. In Weiden am See
werden Bäume gerodet, Parkplätze planiert, ein Hotelpro-
jekt soll bald folgen. Auch das Seebad Podersdorf will sich
häuten. Auf den Retropuszta-Charme aus den 1970er Jahren folgt Nullerjahre-Investorenchic mit viel Schilf, Holz
und coolem Côte-d'Azur-Style.

Allzu lange hat die Landespolitik dem Treiben der lokalen Baumafia und findigen Immobilieninvestoren zu-
geschaut. Je nachdem, ob ein Bürgermeister dem lokalen
Druck standhielt oder verhabert war, wucherten in die
Jahre gekommene Strukturen wie Dauerheimwohnparks
weiter oder entstanden mal schönere (wie in Jois), mal
weniger attraktive (wie in Neusiedl am See) Instantapart-
mentanlagen mit Scheinzweitwohnsitzen. Während die
Touristiker ein Grand Design, eine Vision für die Tou-
rismusregion Neusiedler See entwickelten, nachhaltig,
ökologisch, sanft und hochwertig, hinkte die Bau- und
Raumplanung gehörig nach.

Seit Sommer 2019 gilt das neue Raumplanungsgesetz, das
spät, aber doch das Geschäft mit den Seeblickimmobi-
lien abwürgt. Statt der Kategorie „Bauland Fremdenver-
kehr" – mit dem Thema Befasste kürzen es auf Burgenländisch salopp ab mit „Be-Ef" – wird es nun drei neue
Kategorien geben. Lagen direkt am See dürfen nur mehr
touristisch genutzt werden, Ferienwohnungen sind nicht
mehr gestattet. Das Land prüft derzeit alle bestehenden
Widmungen rund um den See und zeichnet einen neu-
en Katasterplan. Alle neuen Projekte unterliegen dann
erstmals einheitlichen, klaren Regeln. Hotelnutzung ja,
Ferienappartements, die de facto Zweitwohnungen für
betuchtes Klientel werden, nein.

Unter diesen Bedingungen hätten Luxusprojekte wie „Am Hafen" in Neusiedl am See erst gar nicht entstehen können. Eine mit dem damals amtierenden ÖVP-Bürgermeister klüngelnde Investorengruppe wollte dort ein Hotel samt Seewohnungen hochziehen, das Projekt wurde zum Politikum. Bei den Gemeinderatswahlen im Jahr 2017 gewann daraufhin überraschend die SPÖ, die versprochen hatte, den Hotelbau zu stoppen und das Uferstück zur Promenade und Wiese zu machen – zugänglich für alle, ohne Eintritt und Konsumzwang.

In Weiden am See machte im gleichen Jahr ein biometrisches Zutrittssystem österreichweit Schlagzeilen. Statt Strichcode musste man seine Venen scannen lassen, es habe zu viel Missbrauch mit den Jahreskarten gegeben, die für Anrainer gratis sind. Weidens Bürgermeister Wilhelm Schwartz (ÖVP) hatte sich diese 50.000 Euro teure Zutrittskontrolle gewünscht – ohne Ausschreibung im Gemeinderat, ohne Debatte.

Österreichs Medien witzelten über die „Hochsicherheitstechnologie" in der pannonischen Pampa. Dass die Firma, die die Geräte zur Verfügung stellte, Fritz Pfundner gehört, der auch Mitfinancier des angesagten Seelokals „Fritz" ist und überdies mit dem Bürgermeister gut bekannt, ging unter. Unterm Strich blieb bei vielen Einheimischen und Stammgästen des Strandbads das Gefühl: Der See wird immer mehr zum Erlebnis für wenige, nämlich für die, die zahlen können.

Dazu passt ins Bild, dass es der Region massiv an Übernachtungsmöglichkeiten fehlt, auch weil Investoren in den letzten Jahren lieber auf hochwertige Ferienapartments zum Verkauf als aufwändigen und komplizierten

Hotelbetrieb setzen. Die vorhandenen Pensionen und Hotels stammen fast alle aus den 1970er Jahren, viele sind in dieser Zeit steckengeblieben oder gehen mit ihren Betreibern in den Ruhestand.

Gleichzeitig entsteht in Fertőrákos auf der kleineren ungarischen Seeseite ein Megaprojekt – mitten in der unter mehrfachem Natur- und Kulturschutz der Europäischen Union und der Unesco stehenden Region. Auf 136 Hektar wird unweit der Staatsgrenze ein Komplex mit 100 Viersternehotelbetten, 880 Autoparkplätzen, einem Campingplatz, 800 Schiffsanlegeplätzen und einem Wasser- und Freizeitpark mit Öko- und Besucherzentrum gebaut. Gesteuert wird das Fertőrákos-Projekt von der ungarischen Regierung im Rahmen des von der Union geförderten „Modern Cities Program", mit dem die 23 wichtigsten ungarischen Städte gefördert werden sollen. Im Falle von Fertőrákos ist es das wenige Kilometer entfernte Sopron.

Was bringt es, wenn auf österreichischer Seite spät, aber doch protzige Uferprojekte abgedreht und Spaßboote begrenzt werden, wenn gleichzeitig in Ungarn eine Megamarina aus dem Schlammboden gestampft wird? Naturschützer sind besorgt, Ungarn steht auf dem Standpunkt, das Projekt betreffe Österreich nicht. Das empört, aber auch Österreich hat Ungarn nicht um seine Meinung gefragt, als es Großprojekte wie die Seebühne in Mörbisch installierte.

Und die einheimischen Projektentwickler gehen auch erst behutsamer und professioneller vor, seitdem im traditionellen und seit den 1960er Jahren von der SPÖ regierten Burgenland so etwas wie eine kritische Zivilgesellschaft keimt, Bürgerinitiativen entstehen und nicht zuletzt die Grünen in fast jedem Gemeinderat der Seegemeinden vertreten sind, auch der vielen „Zuagrasten" sei Dank.

Ein Lehrstück in Sachen Demut vor der Zivilgesellschaft war der letzlich gescheiterte Versuch, bei Frauenkirchen ein Megaglashausprojekt hochzuziehen. Der damalige Landeshauptmann Hans Niessl setzte sich massiv dafür ein, es nützte nichts. Der Widerstand der lokalen Bürgerinnen und Bürger war stärker.

Es ist die Klimakrise, die den nationalen Egoismen und dem Investorentreiben ein Ende setzen könnte.

Im Sommer 2020 war es wieder soweit. Der Wasserstand im Neusiedler See maß nurmehr 1,15 Meter, so niedrig wie seit 1965 nicht mehr und im Schnitt 30 Zentimeter weniger als in den Jahren davor. Die Segler müssen, sofern sie überhaupt noch ausfahren können, ihre Schwerter mitunter hochziehen, um nicht den Seeboden zu schrammen. Badegäste in den Strandbädern waten minutenlang durch kniehohes Wasser, bevor sie schwimmen können – und auch dann stoßen sie schnell mit den Knien in den weichen, knöcheltiefen Schlamm. Wer eine der hübschen Ruster Pfahlhütten im Schilfgürtel sein Eigen nennt, braucht ein Boot mit sehr wenig Tiefgang, um sie überhaupt zu erreichen. Oder Fliegenfischerlatzhosen und keine Scheu vor Morast. Lustig hatten es nur die Kleinkinder, sie feiern Schlammschlachten in ihren Badebuchten. Und die Windsurfer und Kiter, für sie wird es erst kritisch, wenn das Wasser auf weniger als 50 Zentimeter Tiefe sinkt.

Die schlimmsten Prognosen sahen den See schon austrocknen zu einer gigantischen Salzstaubwüste wie das letzte Mal vor 155 Jahren. Dafür bräuchte es nur noch ein, zwei weitere niederschlagsarme Winter und ein paar weitere Rekordsommer.

Der Chemismus – so nennen Wasserwirtschaftsexperten das Klima eines Seewassers – des Sees ist in Mitteleuropa einzigartig. Er nährt sich zu 80 Prozent vom Niederschlag, er verschwindet fast zu 90 Prozent durch Verdunstung, dabei werden urzeitliche Sedimente ins Wasser gespült, die für den hohen Salzgehalt und den hohen pH-Wert verantwortlich sind. Der derzeit bedeutendste Oberflächenzufluss erfolgt durch die Wulka, die über ein Delta bei Donnerskirchen am Westufer in den See fließt. Deshalb fühlt sich der See ein wenig wie Meer und Soda zugleich an, deshalb ist er immer trüb. Wird diese Balance gestört, würde er binnen kurzem mit Algen zuwuchern und mehr einer Moor- oder Sumpfebene gleichen, als seinem Attribut als „Meer der Wiener" gerecht zu werden.

Wer immer den See retten will, muss den Wasserhaushalt der gesamten Seeregion untersuchen – und schauen, wie man ein neues Gleichgewicht zwischen Grundwasser, Landwirtschaft, Schilfbewirtschaftung und den Interessen des seit 20 Jahren blühenden Seetourismus finden kann. Landeshauptmann Hans Peter Doskozil (SPÖ) setzte noch im Sommer 2020 eine Taskforce ein, die Szenarien entwickeln soll, damit „der See als Landschaftselement erhalten bleibt".

Der See – ein „Landschaftselement"? Diese Formulierung rief nicht nur in Erinnerung, dass der Sehnsuchtsort Neusiedler See eben kein Naturereignis mehr ist, sondern ein von Menschen geschaffener Kulturraum. Sondern auch,

dass ohne grenzüberschreitende, groß gedachte Zukunfts-
konzepte dem See in Zukunft nicht zu helfen sein wird.

So paradox es klingt: Der Wassermangel des Sees för-
dert das Bewusstsein für ökologischen und nachhaltigen
Tourismus in der Landespolitik. Und das Verständnis dafür, dass der Wasserhaushalt des Neusiedler Sees von viel
mehr Faktoren abhängt als von einem simplen Zufluss,
den man aufdrehen kann, bis alles wieder passt.

Die Entscheidung, wie hoch das Wasser im Neusiedler See steht, ist schon seit über 100 Jahren keine mehr,
die die Natur alleine trifft. Die Touristiker der Region
bewerben den See und seine Umgebung als exotischen
Naturraum, Pannonien steht für wildes, fremdes Land,
quasi der Gegenentwurf zur urösterreichischen alpinen
Kulisse. Tatsächlich sind der See, der Schilfgürtel und
die ihn umgebenden Salz- und Steppenwiesen, wiewohl
Naturschutzpark, eine von Menschen geschaffene und ge-
wachsene Kulturlandschaft, ein gigantisches reguliertes
Gewässer.

Es begann mit dem Bau des sogenannten Einserkanals im
Jahr 1909, über den der Neusiedler See über ungarisches
Staatsgebiet bis heute in die Donau entwässert werden
kann, sollte er über die Ufer treten. Seit 2015 blieb die
Wehranlage geschlossen, es gab eher zu wenig als zu viel
Wasser. Der Einserkanal entwässert aber auch über viele
kleine Kanäle das Gebiet im Südosten des Sees, den See-
winkel. Dort, wo früher Salzseen, Lacken und Nieder-
moor herrschten, wuchsen Äcker und Felder und neue
Ortsteile. Statt auf Rinderherden setzten die Bauern auf
Getreide und Weinbau, als Erinnerungen blieben die ty-

pischen Ziehbrunnen und Schilfhütten als Postkarten-
motiv.

In den 1920er Jahren hatte man hochtrabende Pläne, eine
Hängeschnellbahn mit Propellerantrieb sollte von Wien
aus über Eisenstadt und Rust Seebegeisterte bringen, die
Wirtschaftskrise beendete diese Vision. In den 1950er Jahren wurde ernsthaft über eine künstliche Trockenlegung
nachgedacht, 1965 einigten sich Ungarn und Österreich
darauf, den Wasserstand des Sees um etwa 40 Zentimeter anzuheben, auch um den Seetourismus anzukurbeln.
Im Jahr 1971 beschloss der burgenländische Landtag, eine
Autobrücke quer über den Neusiedler See zu bauen, von
Illmitz nach Rust. Nach Bürgerprotesten wurde das Projekt, eine typische Idee der Nachkriegsmoderne, einge-
stampft. Lange vor Zwentendorf und Hainburg regte sich
rund um den See die Ökobewegung.

Das Badeerlebnis mag im Sommer 2020 gelitten haben,
richtig hart trifft die Wassernot den Seewinkel, jenen ent-
legenen Zipfel an der österreichisch-ungarischen Grenze,
der bei Radfahrern und Vogelkundlern sehr beliebt ist.
Sie brauchen das Wasser noch dringender. Ohne Wasser-
zufuhr lassen sich die Systeme der Lacken, des Zicksees
und des Neusiedler Sees nicht erhalten, ist man in der
Taskforce überzeugt.

Aber wie? Hier lohnt ein Blick zurück ins Jahr 1865, als
der See austrocknete und sich dann wieder füllte, als Flut-
wasser über die Raab das Sumpfdelta des Hanság wieder-
belebte und auch den See füllte. Bis heute nährt ein Alt-
arm der Donau die ungarische Seite des Seewinkels rund
um Mosonmagyaróvár. Die Ungarn waren vorausschau-

ender und schufen mit ihrem Grabensystem zugleich eine Entwässerungs- und Bewässerungsmöglichkeit. Über Ungarn könnte in Zukunft auch Wasser aus der Donau in den See einsickern.

Wasser kennt keine Grenzen. Die Zukunft des Sees muss auch jenseits von Nationalem und Kommerz gedacht werden.

Barbara Tóth, Jahrgang 1974, ist Historikern, Buchautorin und Journalistin (Der Falter). Sie entdeckte den Seewinkel als Studentin, als sie ein Freund zum Surfen mitnahm. Inzwischen hat die Wienerin, Mutter zweier Söhne, eine Wochenendbleibe in Weiden am See und fährt so oft sie kann ins Burgenland – zum Surfen, Segeln, (Eis-)Laufen, Wandern, Radfahren oder einfach nur zum Seele-baumeln-Lassen.

Johanna Sebauer

Ein Versuch übers Sowohl-als-auch

Wie eine Weggegangene sich wieder an eine Heimat annähert, die sie – unter uns gesagt – ohnehin nie verlassen hat

Ich muss damit beginnen, dass ich das Burgenland einst gehasst habe. Oder, schlimmer noch, dass es mir egal war. Ich muss, weil es zu dieser Geschichte gehört und weil es wahr ist. Als Kind quietschte ich zwar noch vor Glück zwischen Heuboden, Klatschmohnwiesen und Katzenbabys, doch ab dem Zeitpunkt, an dem ich anfing, alles besser zu wissen – ich muss 15 oder 16 gewesen sein –, wollte ich nur noch schreien. Die Überschaubarkeit des Burgenlandes tat mir weh. Es blieb als Möglichkeit die Flucht.

Frankreich

Die Klammern des Dokumentenordners schnappten zu. Das Maturazeugnis war abgeheftet, und ich war raus zur Tür. Adieu, Provinz! Ich musste nach Frankreich. Hauptsache weg. Ein schwerer Rucksack zog an meinen Schultern, als die Metro mit mir durch Paris ratterte. Ich war eine von den Großen, und die Welt gehörte mir. Der Waggon schoss aus dem Tunnel, durch die zerkratzten Fenster blinzelte ich in die Morgensonne, die über der Seine aufging. Es war eine ganz andere Sonne, ohne Zweifel. Eine, die ich im Burgenland niemals zu Gesicht bekommen hätte.

Ein halbes Jahr lang lernte ich Französisch, erkundete das Land und probierte aus, wie sich das Leben anfühlte, wenn man es für sich neu erfinden durfte. Ich traf auf eine Gruppe Brasilianer, die Ähnliches taten. Ziemlich schnell wuchsen wir einander ziemlich fest ans Herz und als es für mich Zeit war, wieder heimzukehren, nahm ich sie mit. Ins Burgenland. Es war Februar, die Brasileiros trotzten in übergroßen geliehenen Winterjacken tapfer der pannonischen Kälte. „Februar! Es ist doch Karneval", fiel ihnen irgendwann ein. „Wir wollen den österreichischen Karneval sehen." Sie waren ekstatisch. Mir wäre am liebsten gewesen, der frostige Boden hätte mich verschluckt, so sehr schämte ich mich. Man kann doch jemanden, dessen Maßstab der Karneval in Rio ist, nicht auf den Faschingsumzug in Mattersburg mitnehmen. Wo nicht sonnengetönte Copacabana-Körper in kunstvollen Kostümen ihre Sambaschritte über den Boden ziehen, sondern Hansi, Hedi und Jossl vom dekorierten Traktoranhänger winken und noch der Staubzucker der Faschingskrapfen an ihren roten Clownsnasen klebt. Ich bitte euch!

Warum mir das unangenehm war, konnten die Brasileiros nie verstehen. Wenn sie von ihrer Heimat erzählten, dann immer mit großer Begeisterung. Zärtlichkeit beinahe. Die Musik, das Essen, die Magie des triefend feuchten Regenwaldes, der einem – ziemlich wortwörtlich – den Atem raubt, das Reichtum der indigenen Traditionen – all das galt es, hochleben zu lassen mit allem, was man besaß. Die Verbundenheit zu ihrer Heimat war unerschütterlich. Aber dabei gleichzeitig so unaufdringlich. So sympathisch. Eine derartige Liebe zur Heimat hatte ich bis dahin nicht gekannt. Und ein bisschen beneidete ich sie darum. Bis dahin hatte Heimatliebe in meiner jugendlich strengen Schwarz-Weiß-Malerei sofort etwas mit Patriotismus oder gar Nationalismus zu tun. In einem Land mit einer Geschichte wie der unsrigen, besonders widerwärtige Dinge, die man als guter Mensch – der zu sein ich damals wie besessen versuchte – entschieden abzulehnen hatte. Entweder oder!

Die Brasileiros blieben ein paar Wochen. Einer von ihnen – alle nannten ihn Makaeh – beschloss eines Tages, Deutsch zu lernen. Meine Beteuerungen, dass er es lieber lassen solle, denn Deutsch sei die hässlichste Sprache der Welt, ignorierte er. In Eisenstadt beim Nentwich kauften wir ihm ein Übungsbuch samt CD mit Audiolektionen. Jeden Abend saß er mit Kopfhörern im Zimmer und wiederholte konzentriert die deutschen Wörter, um deren scharfe Kanten sich seine auf brasilianischen Singsang geeichte Zunge nur schwer bewegen konnte. Dazwischen summte er Melodien aus dem neuen Garish-Album. An den Wochenenden nahm ihn der Papa mit ins Pappelstadion.

Wien

Die Brasileiros zogen weiter, und ich schrieb mich an der Uni Wien für Politikwissenschaft ein. In den Hörsälen saß ich ehrfürchtig wie in einer Kathedrale und tastete mich voran in der Welt des von großen alten Denkern Erdachten (Denkerinnen waren wenige dabei). Ich ließ mich beeindrucken von Kommiliton*innen, die nächtelang bei literweise Rotwein und allerhand Selbstgedrehtem über trotzkistische Theorien diskutieren konnten und die Kleingeistigkeit der Provinz mit einer Entschlossenheit verabscheuten, als gäbe es dabei etwas zu gewinnen.

Unerschrocken, intellektuell, unbedingt rebellisch und umstürzlerisch – so wollte ich auch sein. Dass dies in einem kleinen, vermeintlich kulturlosen Ort am Rande von Österreich unmöglich war, waren sich alle einig. Ohne jemals zu erklären, warum genau.

Ich erinnere mich, wie ein Kommilitone einmal amüsiert davon erzählte, wie er auf einer Feier im tiefsten Waldviertel mit einem Ansässigen stundenlang über Kants „Kritik der reinen Vernunft" debattiert hatte. War das zu glauben! In der tiefsten Provinz. Wer hätte damit gerechnet! Ich lachte zustimmend in großstädtischer Überheblichkeit. Zu erwähnen, dass ich selbst Schwierigkeiten hatte zu verstehen, was Kant mir eigentlich wirklich sagen wollte, untersagte mir in diesem Moment mein Stolz. „Im Burgenland bin ich nur aufgewachsen", erzählte ich allen. „Gebürtig bin ich ja Wienerin." Als ob dies irgendetwas bedeutete.

Dänemark

Wien reichte nicht. Als die Zusage für einen internationalen Masterstudiengang in meiner Inbox landete, glühte ich wochenlang vor Aufregung. Ich sollte zwei Jahre lang mit Menschen aus aller Welt in drei verschiedenen Ländern studieren. Dänemark, Chile, Deutschland. Was für ein Ritt das werden würde! Es ging los im kleinen dänischen Städtchen Aarhus. Auch hier diskutierte man nächtelang. Bloß saßen jetzt nicht nur Wiener Powi-Studierende am Tisch, sondern auch Daniel aus Tel Aviv und Nawal aus Amman. Gerade erst hatte man noch die Welt begriffen. Hatte sie sich schön aufgemalt in klaren Schwarz-Weiß-Kontrasten. Nun zerfloss alles wieder. Vieles war nun nicht mehr *entweder* schwarz *oder* weiß.

Manchmal war es beides. Gleichzeitig. *Sowohl als auch.* Mir wurde schwindelig. An das Burgenland verschwendete ich keinen Gedanken.

Chile

In Santiago de Chile kaufte ich mir ein Fahrrad mit pinken Reifen und rauschte damit acht Monate lang durch den Smog der Millionenmetropole. Zum ersten Mal war ich so lange so weit weg von zu Hause. Vom Burgenland, von Wien, von Europa. Ich war auf einem anderen Kontinent, auf der anderen Halbkugel. Cooler kann es kaum werden, grinste ich selbstzufrieden.

Gegen Ende des Semesters kam der Winter. Wenn in Chile der Winter kommt, kann man ihn selten irgendwo abstreifen. Die Kälte kriecht durch die Ritzen der schlecht isolierten Gemäuer einem direkt unter die Haut und kommt dort erst wieder hervor, wenn im Frühjahr die Kolibris ihre Schnäbel in die Blüten stecken. Dick eingepackt saß ich in der Unibibliothek und schrieb an meiner letzten Hausarbeit. Jedes Mal, wenn ich eine Seite umblätterte, schmirgelte der steife Stoff meiner Winterjacke übers Papier und zerriss die Studierstille in der Biblioteca. Auf meinem Laptop ploppte eine Nachricht auf. Ein E-Mail von meiner Mutter, die schon auf den Tag hinfieberte, an dem mich ein Flieger wieder über den Atlantik bringen sollte. „Sommer", lautete der Betreff der Nachricht. Als hätte sie gespürt, wie kalt mir gerade in war, schrieb sie:

Hallo Schätzchen,

im August wirst du viele schöne, warme Tage zuhause haben.

Bussi, Mama

An die Nachricht hatte sie ein Foto von unserem Garten angehängt. Im Nordhalbkugelsommer leuchtete der gerade in saftigstem Grün. Weiße Segeltücher warfen Schatten auf den Gartentisch. Auf dem Hügel im Hintergrund grasten die Islandpferde des Nachbarn. In meiner Brust zog es. Ich drehte den Bildschirm zu meiner Kommilitonin Hannah aus Großbritannien. „Oh!", sagte sie. „Is that home?"

Ein paar Wochen später passierte es dann. Es war in einem Fernbus in Argentinien, irgendwo zwischen Córdoba und Buenos Aires. Seit zehn Stunden zog an den Busfenstern Ebene vorbei. Gras, Viehweiden, graugrün vom Winter, hie und da ein paar einsame Bäume und Häuser, weit und breit keine Erhebung. Einer, der hier aufwächst, wie fühlt der sich wohl, wenn er zum ersten Mal in seinem Leben einen Berg sieht, fragte ich mich. Wenn er sieht, wie sich die Erde vor ihm aufbäumt, bis in die Wolken hinein. Was für ein gewaltiges Gefühl das sein muss! Das Burgenland ist ein Grenzland, nicht nur im politischen, sondern auch im geomorphologischen Sinne. Streckt man sich nach Westen aus, kann man mit den Fingerspitzen am Rand der Alpen kratzen. Reckt man sich nach Osten, streift einem der Wind der ungarischen Puszta über die Haut. Die Vielfalt, die ich so lange glaubte, im Burgenland nicht zu finden, war da. Und wie. Ich musste bis in die Pampa reisen, um das zu verstehen.

Der Sommer nach meinem Aufenthalt in Südamerika war ein Rausch. Die burgenländische Sonne sog ich nach dem eindringlichen Winter auf wie eine Eidechse auf einem warmen Stein. Meine Eltern, selig vor Freude, die Tochter wieder in der Nähe zu wissen, ließen keine Gelegenheit aus, mich zu herzen. Ich lud Freunde ein, wir streiften durch Weinberge, liehen uns in Mörbisch ein Segelboot, betranken uns mit Chardonnay vom Leithaberg. Der Hausweckn des Dorfbäckers roch fantastisch. Der burgenländische Dialekt klang so vertraut und plötzlich so charmant. Die Nächte waren lang und heiß. Im Festivalzelt in Wiesen sang Leonhard Cohen, im vertrockneten Augustgras die nimmermüden Grillen. Das Burgenland war anders geworden. Es pulsierte, und ich spürte es intensiver als jemals zuvor. Das Burgenland war von etwas, für das ich mich noch ein paar Jahre zuvor geschämt hatte, zu etwas geworden, das ich gerne und beinahe stolz herzeigte. Schaut mal, so warm sind hier die Nächte, so leicht und hell die Tage. Ihr wollt doch wiederkommen, oder?

Hamburg

Der Sommer ging zu Ende. Ich stieg mit diesen prallen, neu gewonnenen Gefühlen in den Zug und fuhr bis Hamburg, wo der letzte Teil meines Masterstudiums wartete, studiert zu werden. Nicht viel später zog das Gewitter auf. Es erfasste alles, was ich kannte, und zwar so heftig, dass ich an manchen Tagen heute noch mit den Aufräumarbeiten beschäftigt bin. Ein Schatten auf einem Röntgenbild meiner Mutter hatte die ganze Familie jäh in einen Ausnahmezustand gestoßen. Zuhause war nicht mehr Geborgenheit und Nestwärme. Das Burgenland war nicht mehr Sommerbrise und Jungwein im Streckhofheurigen, sondern Sturmfront, Krankenhaus und – vor allem – tosende, nicht zu bändigende Angst.

Ein Jahr lang pendelte ich nervös zwischen Hamburg und Marz. Im Burgenland war alles anders. Wir redeten leiser, bewegten uns langsamer, als wollten wir vermeiden, etwas zu wecken, das plötzlich über uns herfallen könnte. In guten Momenten saßen wir unterm Sonnenschirm und freuten uns, wenn die Waage ein Kilo mehr anzeigte als am Vortag und die Befunde Hoffnung verhießen. In schlechten mieden wir die Augen des anderen, sprachen kaum und seufzten viel. Langsam, aber so stetig, dass wir es irgendwann nicht mehr leugnen konnten, glitt sie aus unseren Tagen. Die Lücke, die blieb, brüllte.

Eine Zeitlang mied ich nicht nur das Grab, sondern gleich das gesamte Land drum herum. Die eben noch so wohltuende, kräftige burgenländische Sonne schien mir viel zu roh auf meine frischen Wunden. Alles brannte. Selbst das Burgenland bloß in Gedanken zu besuchen, zerriss mir so das Herz, dass ich es fast nicht ertrug. Hamburg war jetzt mein Zuhause und mein Versteck. Hier brauste kalter Wind durch die Straßen und peitschte mir dicke Tropfen gegen die Kapuze. Hier würde mich niemand finden. Drinnen warteten liebe Menschen auf mich, bei Wärme und Kerzenschein, in Wollsocken auf Holzdielen. Sie kannten das Burgenland noch nicht, kannten den Schmerz nicht, den es verursachte. Wenn ich doch da war, im Burgenland, gab ich keinem Bescheid. Wollte niemandem auf der Straße begegnen, mit dem ich über das Gewitter sprechen musste. Die Burgenländer*innen kennen keine Berührungsängste. Bist du einmal eine von ihnen, und das bist du schnell, kommst du ihnen nicht mehr aus. Auch wenn du Jahre wegbleibst, wirst du empfangen, als wäre kein Tag vergangen. Das ist meist schön. Sehr schön sogar. Ich bin froh, dass es so ist. Manchmal ist es aber anstrengend. Sowohl als auch.

Einige Zeit ist verstrichen. Klaffende Wunden sind zu Narben geworden. Ich habe vieles erkannt und vieles verziehen. Zwar wohne ich heute immer noch in Hamburg, wo ich mich nach wie vor sehr wohl fühle, doch je länger ich vom Burgenland entfernt bin, desto stärker wächst meine Verbundenheit zu ihm. Ganz einfach, weil es mir manchmal fehlt in der nordischen Kühle. Mir ist bewusst, dass wir Menschen dazu neigen, viele Dinge retrospektiv in ein positiveres Licht zu werfen. Trotzdem würde ich sagen, ich bin heute mehr Burgenländerin, als ich es jemals zuvor war. Ich bin es überlegter und überzeugter. Das liegt auch daran, dass ich, je älter ich werde, eine immer größere Gelassenheit entwickle, gegenüber dem Sowohl-als-auch des Lebens. Die Heimat, das Burgenland, mag gähnende Überschaubarkeit und peinlicher Faschingsumzug sein. Gleichzeitig ist es vieles andere auch. Das darf so sein. Das muss so sein. Es geht nicht anders. Scham und Schmerz, Vertrautheit und Wärme. Donnernder Verlust. Knisternd heißer Augusttag, an dem die Welt stillsteht und das Leben ein Leichtes ist. *Sowohl als auch.*

Vor zwei Jahren traf ich alle Brasileiros wieder. In einem Vorort von Rio, wo Makaeh seiner Liebe das Für-immer versprach. Direkt am Strand. Über uns schaukelten die Palmen, das Eis in den Caipirinhas schmolz rasch unter der Tropensonne. Es war fast kitschig. Zwei Wochen später wählten ihre Landsleute einen polternden Ex-Militär an ihre Spitze, der seitdem an der noch jungen Demokratie nagt und einen spitzen Keil treibt in die eh schon so ungleiche Gesellschaft. Auch die Brasileiros mussten sich, auf ihre Art, so gut es eben ging, mit dem Sowohl-als-auch ihrer Heimat arrangieren.

Makaeh sagt mir heute übrigens immer noch oft, dass sein Leben anders verlaufen wäre, hätte er sich damals im Burgenland nicht an die widerspenstigen deutschen Vokabeln herangetraut. Am Deutsch ist er nämlich drangeblieben. So beharrlich, dass er, dieser Wahnsinnige, Jahre später eine Doktorarbeit an der Uni Göttingen auf Deutsch geschrieben hat. Heute ist er Professor für Klassische Philologie an der Universität von Rio de Janeiro. Ein Trikot des SV Mattersburg hängt immer noch in seinem Schrank.

Johanna Sebauer, geboren 1988 in Wien, aufgewachsen in Marz. Sie hat Politikwissenschaft und Journalismus in Wien, im dänischen Aarhus, Santiago de Chile und Hamburg studiert. In Hamburg lebt sie heute noch, arbeitet in der Wissenschaftskommunikation und schreibt an ihrem ersten Roman. Für dessen Manuskript hat sie 2019 den Burgenländischen Literaturpreis und 2020 das Startstipendium Literatur des BMKOES erhalten.

Markus Wagentristl

Die Heimkehr des Sohnes, der sich verloren hatte

Mit einem typisch pannonischen Aussehen ist man in jedem migrantischen Cluster Wiens herzlich willkommen. „Die Serben" halten dich aufgrund deiner Größe für einen von ihnen, „die Türken" aufgrund deiner schwarzen Haare und „die Araber" aufgrund deines sonnenverträglichen Hauttypus. Das kam mir sehr gelegen, als ich zum Studium von Eisenstadt nach Wien zog und einen dankbaren Nebenjob bei einem Caritas-Integrationsprogramm fand, wo ich Jugendliche beim Kicken in den Wiener „Käfigen" trainierte. Die Idee war, dass die Jugendlichen ihren migrantischen Cluster verlassen. Die Burschen wie Mädchen hatten sich nämlich streng nach der Herkunft ihrer (Groß-)Eltern aufgeteilt und sich deren Heimat als Selbstbeschreibung verpasst. „Die Bosnier" spielten also nur mit „den anderen Bosniern", bestenfalls spielte man noch „Bosnien gegen Albanien" oder „Türkei gegen Serbien". Die Idee hinter dem Integrationsprojekt war nun, dass Kinder unabhängig von bosnischem, albanischem, serbischem, türkischem oder tschetschenischem Migrationshintergrund gemeinsam spielen sollten. Das lief unterschiedlich gut.

Meine Ausführung war bemüht, aber immerhin schaute ich aus, als sei ich einer von ihnen, und das reichte für die Herstellung einer Vertrauensbasis.

„Trainer", sagte Erjan wie alle Kinder zu mir. Sein albanischer Dialekt war toll, das „R" wurde gerollt, das „E" dramatisch überbetont.

„Trainer, du hast es gut!"
„Wieso hab ich es gut, Erjan?"
„Trainer, dein Vater ist Österreicher, deine Mutter ist Österreicher", zählte Erjan mit der Hand ab, „und du, Trainer, du wirst sicher auch einmal Österreicher."

Ich war irgendwie gerührt. Österreicher sein, das ist etwas im Werden Begriffenes, nicht etwas, das man einfach so ist. Ich war auch deswegen gerührt, weil ich nicht der Alman war, keine Kartoffel, über die die Migrantenkids vielleicht nicht unbedingt abfällig, aber doch mit einer bewusst gezogenen Distanz redeten.

Identität kann man sich aber nicht aussuchen, dazu gibt es zu viele Hürden. Über die sprachliche sollte ich bald stolpern. Da war nämlich Srdjan, ein Serbe und sicherlich das bravste Kind im Käfig. Ich hatte aufgeschnappt, dass ein weiterer Serbe ihm einmal einen anderen Namen gegeben hatte. Es konnte sich wohl nur um einen Spitznamen handeln, den ich rein phonetisch übernahm – sehr zur Verwunderung der Burschen. „Die wundern sich sicher, was ich für einen makellosen serbischen Dialekt spreche", dachte ich mir äußerst selbstzufrieden an der Seitenlinie. Mohammed, ein treuherziges ägyptisches Kind, saß neben mir auf der Ersatzbank. „Trainer", sagte er leise zu mir, „warum sagst du so zu ihm?" – „Na, das ist doch sein Spitzname", erklärte ich. „Nein, Trainer", sagte Mohammed noch leiser, „das heißt sowas wie Penis".

Nein, der zwei Meter Alman, der auf Serbisch mehrfach „Penis!" in einen Ottakringer Käfig voller Migrantenkids brüllt, war definitiv keiner von ihnen. Das wusste ich jetzt.

Als ich diese Geschichte dann ein, zwei Jahre später bei meiner ersten Arbeit in einem schicken Newsroom in einem Wiener Innergürtelbezirk meinen Kollegen erzählte, fanden die das absurd. Und zwar nicht die Penis-Geschichte, sondern dass jemand einfach so in einen Käfig spaziert und eine Gruppe schattenboxender Serben fragt, ob sie helfen könnten, für ein Kinderfußballtraining neongelbe Teamdressen zu verteilen. Die Absurdität, das war anscheinend ich und nicht diese vielen unsichtbaren Grenzposten, die die Stadt aufteilten und meine Urwiener Kollegen von meinen Neuwiener Käfigkindern trennten.

In der großen Stadt, wo jeder ist, wie er oder sie halt ist und nicht „wie es sich gehört", da kommt man erst so richtig ins Nachdenken, wer man denn eigentlich selber ist. Das waren Überlegungen, die mir in meiner Kindheit im damals noch ländlicheren Eisenstadt nie gekommen wären. Nun dachte ich viel darüber nach.

Eine Entscheidungshilfe dabei war mein anderer Studentenjob als Lader am Flughafen Schwechat. Die Belegschaft war gedrittelt in Wiener, Niederösterreicher und Burgenländer. Das war dann natürlich leicht, wenn man das burgenländische Ratespiel zu spielen weiß und Familienname und Dialekt einer Gemeinde zuordnen kann. So fragte ich Herrn Gelbmann, ob er mit den Eckhofers in Pamhagen verwandt sei, meine Großeltern seien ja die „Long" neben dem „Türkenwirten". Und schon saß ich bei den burgenländischen Hacklern am Tisch. Meine Ansprache lautete „mei Bui", und die Frage war zumeist, ob ich eh schon gegessen hätte. „Schau zan Essn!", sagte mir Herr Gelbmann und er klang eins zu eins wie mein Opa.

Das gefiel mir. Die Burgenländer arbeiteten schneller als die Wiener und Niederösterreicher, und sie beschwerten sich nie. Die Wiener hingegen durchgehend und leidenschaftlich. Auch das gefiel mir irgendwie, war aber nix für mich.

Der Buzanich-Toni, der mit 60 die Frachtkisten noch durch den halben Flugzeugbauch zu wuchten wusste, war auch der Erste, der mich fragte, wieso ich nicht wie mein Vater Kroatisch spräche. „Ne znam, i waß ned." Das riss mich irgendwie raus. Zuhause verstand mein Vater die Frage nicht. Ich möge lieber „etwas Gescheites" studieren. Den Wert der Mehrsprachigkeit verstand man scheinbar gerade im Burgenland, in dem Land der vier Volksgruppen und vier Landessprachen, am wenigsten. Meine Villacher Studienkollegin sprach fließend Italienisch. Sie fand sogar meine Frage, wieso das so sei, wunderlich: „Na, wir wohnen ja gleich daneben!" Sie ersparte mir zum Glück die Frage, ob ich denn Ungarisch könne.

Wobei Ungarn an sich für die Westösterreicher ja wie ein mystischer und jedenfalls gefährlicher Ort am Balkan wirken musste. Mit einer oberösterreichischen Kollegin meines schicken Wiener Medienhauses hatte ich einmal einen Termin in Eisenstadt. Wir waren angehalten, den Zug zu nehmen. Ihr war bei der Fahrt entgangen, dass in Neufeld die Schaffner gewechselt hatten, und hielt dem Herrn von der Raaberbahn nur gedankenversunken das Ticket hin. „Közi", sagte ich zu ihm, nachdem er mein Ticket fachmännisch gelocht hatte (das war noch vor der App).

„Was hast du zu ihm gesagt?", fragte sie.
„Ich hab mich bedankt", wunderte ich mich.
„Was?"

„Ja.“

„Na!“

„Doch. Auf Ungarisch halt.“

„Wieso redest du ungarisch mit dem von der ÖBB?“

„Ähm, wir sitzen in der Raaberbahn, per Staatsvertrag ein Joint Venture zwischen ÖBB und Ungarischer Staatsbahn.“

Sie riss die Augen auf und starrte aus dem Fenster. „Wo sind wir bitte!?“ Und ich hörte die Panik in ihrer Stimme deutlich raus. Ich war zuerst erstaunt, doch dann erinnerte ich mich, dass ich im Büro einmal in einem Nebensatz gemeint hatte, nach Ungarn zum Zahnarzt zu fahren. Alle Kollegen westlich von Niederösterreich waren aufgesprungen. „Bist du wahnsinnig, du kannst doch nicht nach Ungarn fahren!?“ Jetzt verstand ich, dass meine oberösterreichische Kollegin am Fenster wohl sowjetische Panzer oder reitende Zigeuner suchte.

Der Termin in Eisenstadt war übrigens sehr burgenländisch. In der Fußgängerzone kam ein fremder Mann auf uns zu und gab uns die Hand zum Gruß. Wir waren die einzigen in Businesskleidung weit und breit und standen auch zufällig in Höhe des Rathauses, hätten also leicht zwei wichtige und damit grüßenswerte Persönlichkeiten sein können. Mit unserem Gesprächspartner beim Geschäftstermin hatte ich in nur wenigen Einleitungssätzen die Verbindung zu meiner Familie herstellen können (er kannte meinen Onkel gut). Wir stießen mit einem Achterl darauf an. Meine Kollegin fand das völlig absurd, es war ja noch Vormittag. Sie blieb beim Wasser und war auf der Rückfahrt sehr schweigsam.

Diese ganze Episode hatte mir irgendwie gefallen und ich glaube, dass ich mir damals erstmals tatsächlich vorstellen konnte, beruflich wieder heimzukommen. Ich hatte mich ja immer eher als Pendler gesehen. Als einer von 60.000 burgenländischen Pendlern. Sich täglich durch den Stau zu kämpfen, um nach zwei verlorenen Stunden wieder im nächtlichen Burgenland anzukommen – das gilt durchaus als normal. Die Betonung, dass es das eben nicht ist, fällt hier nicht gerade auf fruchtbaren Boden, auf dem alles, nur keine Jobs wachsen. Schon gar nicht im Bereich der Digitalisierung. So dachte ich jedenfalls irgendwie immer schon und verbat mir selbst, auf eine Änderung zu hoffen. Wohl deswegen erwischte mich das Jobangebot der einzigen echten burgenländischen Lokalzeitung auf dem falschen Fuß.

Ich wusste nicht genau, wie ich mit diesem Jobangebot umgehen sollte. Es kam exakt zur gleichen Zeit, in der mein Absprung in die USA an der De-facto-Abschaffung des Green-Card-Systems durch die neu gewählte Trump-Administration gescheitert war. Vorbereitend darauf hatte ich mich schon emotional von Wien entfernt, die Wiener Medienszene hatte mir das nicht schwer gemacht. Auch die Sache mit den Frauen hatte irgendwie nicht geklappt. Es waren damit insgesamt ziemlich viele Träume, mit denen ich in die große Stadt gezogen war, geplatzt. Ich hatte also nichts zu verlieren. In einer reinen Impulsentscheidung nahm ich den Job an. Überraschter als meine Eltern, als ich auf einmal mit Koffern vor ihrer Tür stand, war wohl nur ich selber. Es war dennoch die bis dahin beste Entscheidung meines Lebens, wie sich überraschend schnell herausstellte.

Der soziale Klimawandel von der Kälte der Großstadt zum pannonischen Dauersommer fiel mir schon am Weg zu meinem ersten Arbeitstag auf. Ich hatte meinen Wiener Habitus noch nicht abgelegt: Wohnungstür zu, Kopfhörer rein, Blick senken und los gehts im Gewaltmarschtempo. Aber nicht einmal bis zur Fußgängerzone kam ich damit. „Wo rennen S' denn hin, junger Mann?", fragte mich eine alte Dame mit einer ebenso überraschenden wie überwältigenden Freundlichkeit, dass ich tatsächlich stehenblieb. Ich beantwortete ihr diese Frage (spät dran) und danach auch noch die, wo ich denn arbeite (sie war Abonnentin), ob ich einen Kollegen namens Soundso kenne (1973 verstorben), wer meine Eltern seien (liebe Grüße!) und ob meine Schwester schon ihr drittes Kind bekommen habe (wer ist diese Frau!?).

Früher hätte ich mich schrecklich belauscht gefühlt. Nach 13 Jahren Großstadtanonymität meinte ich in ihren Fragen aber eine ehrliche Anteilnahme zu erkennen, und das ist doch schön. Schön war auch der Weg in die Arbeit, der durch Weingärten und den Schlosspark führte. Ich kam natürlich zu spät. Also in einem burgenländischen Verständnis, wo der Arbeitstag um 7:30 Uhr schon voll angelaufen ist. Dass jemand erst um 9:30 Uhr auftaucht, das führten alle Kollegen auf eines zurück: Der Bursch war gestern saufen. Mein vorsichtiges „Ähm, es ist Montag?" wurde mit einem „jo, jo, jo" quittiert, gegen das man argumentativ nicht ankam. Musste man auch nicht. Die Wiener Zeiten, in denen ich ein Hangover als „Verkühlung" verkaufen musste, waren vorbei. Blutunterlaufene Augen waren eher ein Beweis dafür, dass man am Vorabend zu leben gewusst hatte, und dafür braucht sich im Weinland Burgenland niemand zu entschuldigen.

Dieses Wissen sei mittlerweile durchaus kulturgeschichtliche Gewissheit, bestätigte mir meine Schwester (ja, die mit den Kindern). Sie war im Studium auf eine Arbeitertheatergruppe gestoßen, die im 19. Jahrhundert den damals in der Arbeiterbewegung modischen Antialkoholismus der britischen Teatotaler verbreiten wollte. Sie kamen damit auch in den letzten deutschsprachigen Winkel, nach Deutschwestungarn alias Burgenland. Dort aber kamen sie nicht weit: Die Bauern und Landarbeiter weigerten sich, die Aufführungen der Theatergruppe zu besuchen, wenn sie davor und danach nicht mit ihnen Wein trinken würden. Die Künstler willigten dann doch noch ein und verewigten diesen Burgenlandpassus sogar in ihrem Grundsatzmanifest. Die Teatotaler waren also über den britischen Kanal durch ganz Nordeuropa gekommen, an der Leitha, der Pforte zu Mitteleuropa, aber war Schluss.

Bald besuchte ich im Zuge meines neuen Jobs einen Eisenstädter Ball. Bälle sind hier im Burgenland noch lange nicht tot, ebenso wenig wie Printjournalismus. Es war mein erster Ball, seit ich wieder in Eisenstadt lebte, er startete aber genauso, wie mein letzter – der Schulball meiner Schwester (diesmal der anderen) – aufgehört hatte. Bei jedem zweiten Schritt traf man auf eine alte Bekanntschaft, mit jeder musste man zumindest ein Glaserl trinken. Während ein Vollrausch im Burgenland gesellschaftlich völlig akzeptiert wird, ist das Singledasein anscheinend ein Zustand, der mehr oder weniger charmant behoben werden muss. Es braucht hier keinen „Anmachspruch", sondern es erfolgt einfach eine Art der „Zuteilung" durch den Freundeskreis. So ähnlich, wie die pannonische Großelterngeneration verheiratet worden ist („Liebe vergeht, Hektar besteht").

Man steht dann tatsächlich wieder wie als Teenager nebeneinander und versucht die offensichtliche Peinlichkeit der Situation irgendwie wegzulachen. Aber es lief überraschend gut, die burgenländischer Schwarm-„Intelligenz" ist offensichtlich doch noch besser als die künstliche Intelligenz amerikanischer Dating-Apps. Man fragt im Burgenland aber immer noch den Hektarstand ab, verklausuliert in der Frage: „Und wo wohnst du?" Potenzielle Beziehungen startet man besser ehrlich, dachte ich mir und platzte heraus: „Ähm, wieder im Kinderzimmer."

„Oh …" Ja, als 30-Jähriger hätte ich schon etwas mehr vorweisen können. Ich gab die Frage zurück: „Und du?" Sie zögerte. Das konnte nur zwei Dinge bedeuten: Ich war ausgeschieden, oder … „Auch Kinderzimmer." Wir heiraten im Juni 2021.

Ich nehme übrigens ihren Namen an, der gefällt mir einfach besser. Was aber dennoch die ganze Redaktion, die halbe Familie und einen guten Teil des Dorfs in Aufruhr versetzt. Die Uhren im Burgenland gehen eben anders. Aber die Großherzigkeit und auch Offenheit der Burgenländer macht auch aus, dass man den verlorenen Sohn schon mal an den Zeigern eben dieser Uhren drehen lässt.

Markus Wagentristl, geboren in Wurfweite der Eisenstädter Bergkirche, in pädagogischer Wurfweite der Kirche geblieben (Gymnasium der Diözese). Frei machende Stadtluft geschnuppert (Politikwissenschaft/Uni Wien) und verschriftlicht („Der Standard", APA). Heimweh bekommen, bei der „Burgenländischen Volkszeitung" (BVZ) Digitalisierungssisyphos geworden. Hilfsarbeiter im Weingut Kaiser Magdalenenhof.

Ein burgenländisches Leben

Kann man die Geschichte eines Landes anhand einer
Biografie erzählen? Einen Versuch ist es wert:
Über meinen Großvater, der im selben Jahr zur Welt
kam wie das Burgenland.

Im Jahr, in dem das Burgenland gewissermaßen zur Welt
oder wenigstens zu Österreich kommt, wird auch er geboren: am 12. Dezember 1921. Er ist das erste Kind von
Johanna und Lukas Prior. Drei Buben und zwei Mädchen
werden es bis 1928 sein: Thomas, Jakob, Agnes, Paul und
Helene, die alle Heli nennen.

Daheim in Klingenbach/Klimpuh, das vor einem Jahr
noch an Österreich grenzte und nun an der Grenze zu
Ungarn liegt, wird Kroatisch gesprochen. Äpfel und
Hühner im Garten. Wenig Platz im Haus. Ein Holzofen
in der Küche. Nachts alle in einem Zimmer, eingehüllt in
eine dicke Tuchent. Morgens, beim Ausatmen, den kalten
Hauch vor Augen.

Am 30. Jänner 1927 marschiert der Vater, *otac,* mit anderen Männern hinüber nach Schattendorf. Der fünfjährige
Thomas weiß nicht, was Schutzbündler und Frontkämp-
fer sind, aber er sieht den Schrecken im Gesicht des Vaters, als der wieder nach Hause kommt. „Die haben auf
uns geschossen", sagt der Vater. Der Csmarits Matthias,
ein Kriegsinvalide aus dem Dorf, und ein Bub aus Schattendorf seien tot. Die Mutter, *majka,* schlägt die Hände

vor dem Gesicht zusammen. Ein halbes Jahr später, nach dem Freispruch für die Schützen, brennt der Justizpalast in Wien.

Der Vater fährt mit dem Fahrrad täglich 20 Kilometer nach Neufeld, um dort nach Braunkohle zu graben. Als die Nachfrage sinkt, werden zunächst jene entlassen, die keine Einheimischen sind, auch er. (Alsbald schon wird aus dem Bergwerk ein Badesee werden.) Immer wieder sucht der Vater Arbeit. Für die Dauer einer Rübensaison kommt er in der Zuckerfabrik im benachbarten Siegendorf/Cindrof unter. Danach ist er wieder arbeitslos.

Die Kinder wissen, was Hunger bedeutet, und gieren nach dem Stück Fleisch, das alle heiligen Zeiten auf den Tisch kommt. Der Lehrer hält den Vater auf der Straße an, um ihn zu ermutigen, den Ältesten auf eine weiterführende Schule zu schicken, weil der Bub gescheit sei. Der Vater sagt: „Und wer soll das bezahlen?"

Mit zwölf Jahren wird Thomas Knecht bei einem Bauern in der Buckligen Welt. Am Wochenende kommt der Vater mit dem Fahrrad und holt sich den Lohn. Ein paar Groschen darf der Bub behalten, den Rest braucht die Familie für die jüngeren Geschwister.

Als Jugendlicher würde Thomas gerne einen Beruf erlernen, aber wo? Er verdingt sich mit Hilfsarbeiten, bis der Einberufungsbefehl kommt. Zur militärischen Ausbildung schicken sie ihn nach Norddeutschland. Er fährt widerwillig, aber er fährt. Inmitten lauter Deutscher lernt er, der Burgenlandkroate, fließend Deutsch zu sprechen. Man teilt ihn den Fernmeldern zu. Welch ein Glück: Nie sei er an der Front gewesen, wird er später erzählen. Immer ein paar Reihen dahinter.

Schrecklich ist es aber auch dort. Seine engsten Kollegen sterben, als die Druckwelle einer Bombe seinen Arbeitsplatz erfasst – an seinem freien Tag. Aus Russland entkommt er im letzten Moment, über einen zugefrorenen Fluss, in einem Lkw, der erst anspringt, als sie Feuer unter dem Motor machen.

In einem Bett schläft er jahrelang nicht. Einmal, als er krank ist, schickt man ihn zur Erholung nach Hause. Er kommt mit dem Bus und geht das letzte Stück zu Fuß. Auf dem Heimweg trifft er zufällig die Mutter, sie kann es kaum fassen. Er auch nicht.

Im Frühjahr 1945 ist der Krieg endlich vorbei. Die Amerikaner entlassen ihn aus einem Lager in Bayern, nachdem er sich als Steirer ausgegeben hatte. Ins Burgenland schicken sie niemanden: Dort sind die Russen. Zu Fuß überquert er mit anderen die Grenze nach Oberösterreich, in Neuhofen an der Krems machen sie Rast. Bauern aus dem Ort bringen ihnen zu essen und fragen, ob sie nicht bleiben wollten: Sie bräuchten kräftige Hände.

Er bleibt. Arbeitet im Stall und auf dem Feld, schreibt Briefe nach Hause. Im Herbst fahren die Züge wieder nach Wien durch, über die russische Grenze. Er wartet noch einen Monat, dann sagt er dem Bauern und seiner Familie Lebwohl.

Die Mutter, der Vater, die Schwestern: Alle fallen sie ihm um den Hals. Aber die Brüder, Jakob und Paul, sind noch nicht daheim. Als der Winter kommt, erzählen sie im Ort, dass einer der Prior-Buben gefallen sei. Die Mutter schickt Agnes und Heli mit Fotografien von beiden Söhnen nach Baumgarten/Pajngrt, wo ein Kriegsheimkehrer lebt, der angeblich mehr weiß. Die Mädchen zeigen ihm zunächst das Bild von Paul: Nein, den kenne er nicht. Aber den anderen kennt er: Jakob. Ja, der. Es tue ihm sehr leid.

Die Familie erholt sich nur langsam. Monate vergehen, ehe wieder so etwas wie Alltag einkehrt. Thomas beginnt eine Zimmermannlehre in Neufeld. Dort lernt er Lena kennen, die eigentlich Helene heißt. Sie arbeitet in der Jutefabrik mit seiner Schwester Agnes am Fließband. Thomas und Lena heiraten 1950 und ziehen nach Hornstein/Voristan, in Lenas Elternhaus, das sie in den nächsten Jahren eigenhändig ausbauen werden. Lenas Mutter lebt mit ihnen. Zwei Generationen unter einem Dach, bald drei: 1952 wird Sohn Martin geboren.

Als dem dreijährigen Martin im Krankenhaus Eisenstadt der Blinddarm entnommen wird, muss die Mutter übersetzen. Der Bub versteht nur Kroatisch, Deutsch wird er erst im Kindergarten lernen. Ein zweites Kind, schwören sich seine Eltern, würden sie zweisprachig erziehen. 1959 kommen dann ein zweites und ein drittes Kind, auf einmal. Die Eltern erfahren erst bei der Geburt, dass sie Zwillinge haben werden, Christine und Aurelia, die Reli genannt wird. „Um Gottes Willen", sagt Lena. „Wie werden wir die Mädchen durchbringen?", fragt Thomas.

Er arbeitet als Zimmermann bei einer Baufirma in Wien, weil die Löhne dort höher sind als im Burgenland. Der

Firmenchef hat nach dem Krieg mit zwei Schaufeln und zwei Scheibtruhen begonnen. Jetzt kommt er regelmäßig zur Baustelle und fragt seine Arbeiter, ob sie eh genug verdienten. Keiner sagt ja. Meist greift der Chef dann in die Hosentasche und steckt ihnen den einen oder anderen Schein zu.

Wochentags steht Thomas mit den Kirchenglocken um 4:45 Uhr auf und pendelt im Bus von Hornstein nach Wien. Einen Autoführerschein hat er nicht, erst recht kein Auto. Abends im Bus zurück. Essen mit der Familie. Schlafen. Für die Kinder bleibt kaum Zeit, um die Erziehung kümmert sich Lena. An den Samstagen arbeitet Thomas weiter, weil im Ort nun überall Häuser gebaut werden. Einen Dachstuhl nach dem anderen zimmert er. Vielleicht hilft ihm das dabei, nicht an das denken zu müssen, was war.

Die Familie baut Kartoffeln an, hält sich Hühner, Hasen und zwei Schweine. Einmal im Jahr ist Sautanz: Blunzn, Grammeln, Leberpastete. Im Garten stehen viele Marillenbäume, die im Juli ein schönes Zusatzeinkommen bringen. Allmählich werden die Zeiten besser. Mitte der Sechzigerjahre kommt der erste Fernseher ins Haus. Bisher haben Thomas und Lena bei den Nachbarn Nachrichten geschaut und die Kinder Kasperltheater.

Hin und wieder gönnt man sich jetzt auch etwas. Am Wochenende spielt vielleicht die Tamburica oder der ASV Hornstein ein Derby gegen Müllendorf. Beim Kreuzschnapsen gewinnen meist die Frauen, weil Lena die leidenschaftlichste Kartenspielerin ist. Zum Stelzenschnapsen geht sie siegessicher mit der Reisetasche.

Die Sonntage sind arbeitsfrei, jedenfalls für die Männer, die Frauen stehen in der Küche. In der 10-Uhr-Messe hätte die SPÖ eine Mehrheit, würde hier gewählt. Am Land, das glauben sie in der Stadt nicht, gehen auch die Arbeiter in die Kirche. Und danach zum Frühschoppen. Der Rote schmeckt beinahe wie in Klingenbach. Thomas ist kein Mann der großen Worte, er hört lieber zu und kann herzhaft lachen, wenn einer einen Schmäh erzählt.

Zu Hause wollen die Kinder wissen, wie das war, im Krieg. Die alten Zeiten lasse man besser ruhen, sagt Thomas. Die Kinder sollten nach vorne schauen und etwas lernen. Das Schulgeld für die Hauptschule in Eisenstadt bezahlt er gerne. Danach entscheiden sich alle drei für die Handelsakademie.

1970, nachdem Martin den Führerschein gemacht hat, wird ein Auto angeschafft, ein VW Käfer. Aber Thomas und Lena fahren lieber mit. 1973: der erste Familienurlaub, in der Steiermark. 1974: der zweite, in Tirol. Die Mädchen maturieren mit sehr guten Noten. Eine solle nach Wien studieren gehen, sagt Thomas. Für beide reiche das Familienbudget nicht aus. Aber welche? Aus Fairness der anderen gegenüber bleiben beide Mädchen daheim und suchen sich einen Job.

1980 kommt das erste Enkelkind zur Welt. Vier werden es bis 1990 sein, zwei Buben und zwei Mädchen. Kroatisch spricht Thomas jetzt nur noch mit Lena, seltener mit den Kindern und gar nicht mit den Enkelkindern. Sie würden ihn ohnehin nicht verstehen. Auch auf den Straßen und Gassen Hornsteins sind kroatische Sätze immer seltener zu hören. Oder es schleichen sich deutsche Wörter ein, die dann kroatisch vergrammatikalisiert werden. *Telefoniranje* zum Beispiel.

Dachstühle zimmert Thomas auch in der Pension – und Möbelstücke, daheim in seiner Werkstatt. Im Winter schlägert er Brennholz im Wald. 1991 wird Karl Stix Landeshauptmann, einer aus dem Ort. In Wien – und nicht nur dort – reden sie nun ständig über Jörg Haider. Der rede so laut wie einer, über den er nicht mehr reden wolle, sagt Thomas.

An manchen Samstagen steigen Lena und er in einen Bus voller Pensionisten nach Ungarn. Baden in Bük steht auf dem Programm, aber alle wissen, dass davor genügend Zeit sein wird, um die Reisetaschen in Sopron mit Lebensmitteln zu befüllen. Am Abend schmuggeln Frauen tiefgekühlte Gänse unter dem Rock über die Grenze und tragen eine Blasenentzündung davon. Männer setzen sich versehentlich auf unter Jacken versteckte Cremeschnitten.

Nach dem EU-Beitritt 1995 werden die Badeausflüge seltener und die Weinflaschen kleiner. Den Roten spritzen bald nur noch Nostalgiker mit Sodawasser auf, man trinkt ihn jetzt pur, aus schönen Gläsern. An den Euro gewöhnt sich Thomas schnell, obwohl er sicherheitshalber in Schilling umrechnet. Die Enkelkinder wollen wissen, wie das war, im Krieg. Jetzt redet er.

Allmählich lassen die Kräfte nach, vor allem das Herz schwächelt. In den letzten Jahren verbringen Thomas und Lena noch viel Zeit miteinander. Beim Schnapsen gewinnt meist Lena. Sie lacht, er ärgert sich. Im Jänner 2009 stirbt sie überraschend, er ist am Boden zerstört und

monatelang nicht wirklich ansprechbar. Aber dann er-
fängt er sich noch einmal, verbringt Zeit mit Kindern
und Enkelkindern, bis auch ihm das Herz versagt, am
2. Dezember 2010, zehn Tage vor seinem 89. Geburtstag.

Am 12. Dezember 2021 wäre er 100 Jahre alt geworden,
so alt wie das Burgenland. Der älteste Enkel, der genauso heißt wie er, schreibt die Geschichte seines Opas auf.
Hier steht sie.

Thomas Prior, geboren 1980, wuchs in Hornstein/Vorištan auf.
Seit 2007 Redakteur bei der Tageszeitung „Die Presse", die meiste Zeit im Ressort Innenpolitik, zwischenzeitlich Deutschland-
korrespondent in Berlin. Publikationen: „Flucht – Wie der Staat
die Kontrolle verlor" (2017, gemeinsam mit Christian Ultsch und
Rainer Nowak). Lebt in Wien und in Hornstein.

100Jahre

Fria Elfen

Das war mein Kommen

Der 11. November 1959 war so etwas wie ein Schlüsseltag
für unsere Entscheidung, ins Burgenland zu ziehen. Ich
war per Autostopp mit meinem späteren Mann Wil Frenken unterwegs nach St. Margarethen zu einem Bildhauer
aus der Meisterklasse Fritz Wotruba der Wiener Akademie für Bildende Künste. Alfred Czerny hatte sich dort
eingemietet und uns zu Martini eingeladen.

In Wampersdorf hielt neben uns ein Auto und der Fahrer fragte: „Kennt S' mich nicht? Ich bin der Monsignore
Mauer." Seine Galerie nächst St. Stephan war damals die
Wiener Avangardegalerie, Monsignore Mauer aber auch
Domprediger von St. Stephan und an diesem Tag als Prediger unterwegs nach Eisenstadt.

Die Begegnung mit Karl Prantls Symposion europäischer
Bildhauer im Steinbruch St. Margarethen, die uns verzaubernde Landschaft mit den Rufen der Wildgänse,
die Gastfreundschaft der Menschen (wie viel Zeit verbrachten wir in den Kellern), ließ uns beschließen, uns in
St. Margarethen ansässig zu machen.

Damals war dort der Eiserne Vorhang noch deutlich
spürbar. Dahinter war das Nichts. Es fühlte sich wie eine
Mauer an. Wenn man den Feldweg der Grenze entlang
nach Mörbisch unterwegs war, meinte man die ange-

legten Gewehre der Grenzsoldaten auf sich gerichtet zu spüren. Als ich in den letzten Jahren diese Grenzstation besuchte und die Autos von Sopron hereinfuhren, konnte ich es erst einmal nicht fassen, so tief hatte sich die damalige Grenzsituation mir eingeprägt.

Das Burgenland war 1959 noch völlig unberührt. Ich bin glücklich, das Land so früh kennen gelernt zu haben. Aus einem bürgerlich-städtischen Elternhaus kommend, war das Leben am Land erst einmal eine Herausforderung, es gab ja keine Infrastruktur, das Wasser musste vom Brunnen auf der Straße geholt werden, ich lernte, einen Ofen zu heizen. Unsere Art, Wäsche zu waschen oder Obst und Gemüse einzukochen, kann man sich heute gar nicht mehr vorstellen. Im Hof wurde eine Grube gegraben, mit Steinen ausgelegt und dort über dem offenen Feuer der alte Schweinekessel benützt, der aber verrostet war, sodass die Wäsche in einem Sack verpackt werden musste, um nichts vom Rost abzukriegen. Von der Nachbarin lernte ich das Wäschewaschen auf einem Tisch mit der Reißbürste. Das war meine Lebensschulung.

Aber die Schönheit der alten Baustrukturen mit Giebeln, Gewölben, den Innenhöfen mit den Schwibbögen begeisterte uns. Das war von Anfang an die Dualität unseres Lebens – das Symposion, die Avantgardekunst und eben die Begeisterung für das Alte und der Versuch, es zu bewahren.

Dieser Avantgarde fügten wir später unseren Anteil hinzu. 1967 gründeten wir die Werkstatt Breitenbrunn, wir waren die Ersten, die Computerkunst zeigten. Mit Klaus Basset hatten wir Zugang zur Stuttgarter Szene, in der damals Max Bense Wissenschaftstheorie lehrte und sein

191

Assistent Frieder Nake die Studierenden in diese Gedankengänge einführte.

Als wir 1966 eine neue Bleibe finden mussten, übersiedelten wir nach Breitenbrunn. Wir hatten erst einmal eine Halbwirtschaft, das heißt, wir teilten uns den Hof mit einer Familie, die eine bäuerliche Wirtschaft (Hühner, Schweine, Pferd und Weinbau) führte. Es war einiges zu renovieren, auch Gewölbe auszubessern. Wenn man nur will, ist das möglich. Die Baufirma aus St. Margarethen hatte damals noch Maurer, die mit Stein arbeiten konnten. Wenn heute gesagt wird, etwas sei baufällig, es müsse abgerissen werden, dann ist das nur eine Ausrede. Wir haben es bewiesen, und es macht mich traurig zusehen zu müssen, wie immer wieder und auch jetzt noch die letzten Spuren des traditionellen Bauens entfernt werden.

So lebe ich mit Freude in einem Haus, in dem die Spuren der Vergangenheit noch sichtbar und spürbar sind. Um ins Badezimmer zu kommen, muss man unter dem geschwärzten Balken der ehemaligen Rauchküche „durchtauchen" (es ist nicht der einzige Durchgang, unter dem man sich bücken muss). Um von meinem Wohnbereich in die Küche zu kommen, muss ich ins Freie, durch den Hof. Ein schmaler Durchlass zwischen unserem und dem Nachbarhaus, die sogenannte Reichn diente als Kanalisierung und auch dazu, im Falle eines Feuer ein Überspringen zu verhindern. In dem oben beschriebenen „Badezimmer" (ehemals Rauchküche) gibt es noch ein kleines Fensterchen als Ausguss in die Reichn.

Denkmalmäßig bedeutend ist ein Raum mit einem Netzrippengewölbe, der in das 16. Jahrhundert datiert werden kann. Äußeres Merkmal des Hauses sind die „Sandfenster" dieses Raumes, aus verschiedenfarbigem Sand gestaltete Doppelfenster. Sie erinnern an die „Sandspiele", kreative Publikumsaktionen, die ich zusammen mit meinem Mann Wil Frenken leitete. In Museen, auf öffentlichen Plätzen, in Innenhöfen wurden Menschen mit den Spuren, die Gegenstände in einem Material wie Sand hinterlassen, bekannt gemacht, um sie anschließend zu eigenen Versuchen mit dem Material zu verlocken.

Welche Spuren hinterlässt ein Rechen? Durch eine gleichmäßige Bewegung eines Rechens kann man „Berge versetzen". Man hat auch gleich die Assoziation an die japanischen Sandgärten, die zur Meditation hinführen und deren Kreation in einem Zustand der Versenkung vor sich geht.

Die Architektin Susanne Schmall schreibt: „Hätte es in den 1960er-Jahren die Maler, Bildhauer, Architekten und Kunsthistoriker aus der Großstadt nicht gegeben, wäre das Erbe der Baukultur um vieles ärmer. Künstler können mit ihrem ungetrübten Blick die Realität der ruinösen Mauern ausblenden und die baulichen Qualitäten erkennen." Und so war es auch, jahrelang haben wir mit Vorsicht und Einfühlung renoviert, um möglichst viel von der ursprünglichen Substanz zu erhalten.

Als Wil Frenken nach Deutschland ging, übernahm ich das Haus und bin seit damals mit meiner künstlerischen Arbeit beschäftigt. Nach manchen Stadien entwickelte ich die Idee der Lichtinstallationen aus Plexi, Folien und Spiegeln, von transparenten Objekten, die mit den Schatten der Folienstrukturen arbeiten und Raumerlebnisse schaffen, wofür ich mit diversen Preisen ausgezeichnet wurde.

Fria Elfen, geboren 1934 in Wien, studierte an der Akademie für Bildende Künste bei Herbert Boeckl und Albert Paris Güterloh, lebt seit 1959 im Burgenland. In ihrem Haus befindet sich die Werkstatt Breitenbrunn. Ihr Werk umfasst visuelle Poesie, Künstlerbücher, textile Objekte und Installationen mit Plexi, Licht und Spiegelelementen unter Einbeziehung von Fotostrukturen.

Werner Herics

I glaub, daitsch kauna net gschait, oba Fuaßboll spüln kauna!

Schandorf/Čemba ist ein kleines kroatisches Dorf im Bezirk Oberwart, direkt an der ungarischen Grenze. Einerseits ein Paradies für uns Kinder in den 1970er Jahren, andererseits aber damals das Ende der Welt. Denn direkt „hinter uns", beim Wald, da hat die Welt für uns aufgehört, wegen des Wachturms der ungarischen Grenzsoldaten, des Stacheldrahts, des Minenfelds und des strikten Verbots der Eltern, dort der Grenze nahe zu kommen. Einer Grenze, die es so vor hundert Jahren gar nicht gegeben hat und die, vor allem nach der Errichtung des Eisernen Vorhanges, nicht nur zwei kroatische Dörfer, sondern auch Familien und Freundschaften getrennt hat.

Den Kirchturm des ebenfalls kroatischen Nachbarortes Kisnarda/Kleinnahring in Ungarn sieht man von Schandorf aus. Meine Mutter hatte dort einen Cousin. Heute ist man mit dem Fahrrad schnell in Kisnarda. In den 1970er Jahren war es eine Tagesreise mit dem Auto. Eine Reise, für mich und meinen Bruder in eine andere Welt. Über den Geschriebenstein nach Rattersdorf, den Grenzübergang Schachendorf gab es noch nicht. Dann die Schikanen der ungarischen Zollbeamten, um endlich nach Stunden nach Kisnarda zu kommen, das mir als sehr ärmlich in Erinnerung geblieben ist im Vergleich zu unserem Standard und der war damals bei weitem nicht auf dem heutigen österreichischen Niveau.

Als Kind habe ich damals mitbekommen, dass es irgendwie anders ist, Kroate zu sein, die wir „Krowod" genannt oder geschimpft wurden. Meine Eltern hatten nach zwei Jahren Volksschule in Schandorf beschlossen, mich in die Volksschule nach Rechnitz zu schicken, wohl mit dem Ziel, dass ich besser Deutsch lerne. Im Gasthaus Rose in Rechnitz lebte der ehemalige NS-Landeshauptmann des Burgenlandes und stellvertretende Gauleiter der Steiermark, Tobias Portschy als hochangesehener Bürger. Als Volksschüler war mir das nicht so bewusst, wir haben im Gasthaus Eis oder Wurstsemmeln gekauft. Später habe ich es als skandalös empfunden, dass er vor jungen Grundwehrdienern, unter denen ich mich auch befand, als Vertreter des Kameradschaftsbundes eine Rede halten durfte. Und noch viel später hat mich einer meiner ersten journalistischen Beiträge im ORF Burgenland wieder nach Rechnitz, einem Ort meiner unbeschwerten Kindheit geführt – es ging um die Ermordung jüdischer Zwangsarbeiter knapp vor Kriegsende und die Geschichte des Kreuzstadls, dem Mahnmal zur Erinnerung an das Massaker.

Meine Eltern waren also sehr bemüht, dass ihre Kinder gut Deutsch lernen. Das, so meine Einschätzung, war die vorherrschende Meinung in den kroatischen Familien in den 1970er und 1980er Jahren. Deutsch zu können, war wichtiger, als zweisprachig zu sein. Die Assimilation der Kroaten war auch in weiten Teilen das politische Credo der damaligen Zeit.

Als „familieninternen Deutschkurs" erinnere ich mich sehr gern an die Wochen in den Sommerferien bei meinem Cousin und meinen Cousinen in Großhöflein. Dort habe ich beim Fußballspielen mit den Weinbauernkindern gehört, wie einer den anderen Burschen fragte, ob er mich kenne, und der antwortete: „A Krowod, I glaub daitsch kauna net gschait, oba Fuaßboll spüln kauna." Das hatte ich auch schon in der Volksschule in Rechnitz bemerkt – sportliche Leistung bringt Anerkennung, auch für Kroaten.

Meine Mutter war Hausfrau, mein Vater ein klassischer burgenländischer Pendler, Mauerer in Wien, nur am Wochenende zu Hause. Das Wienpendeln, die Entbehrungen, das Mehr an Einkommen sollten den Kindern zugutekommen. Wir sollten es besser haben, und das ist ihnen auch perfekt gelungen. Sie haben uns alles ermöglicht.

Dass Mehrsprachigkeit, auch die vielen kroatischen Dialekte, im Burgenland heute als Asset gesehen werden und zweisprachige Ortstafeln eine Selbstverständlichkeit sind, das bedurfte doch eines sehr langen Prozesses. Ich habe bei Telefonaten mit meinem Vater immer gewusst, wann er nicht allein im Zimmer war, weil er dann mit mir deutsch sprach. Etwas überspitzt ausgedrückt: Aus dem von vielen empfundenen Stigma, Kroate zu sein, hat sich ein natürliches und ungezwungenes Selbstbewusstsein entwickelt.

Das Schandorfer Kroatisch hat sicherlich wesentlich zu meiner beruflichen Entwicklung beigetragen. Der Sprachkurs vor meinem Einsatz als Korrespondent für den ORF am Balkan hat mir zwar gezeigt, wie wenig Vokabel mir in meinem Burgenländisch-kroatisch zur Verfügung stehen, allein die slawische Grundlage war Goldes wert, um es schnell zu erlernen.

Diese Sozialisation in Schandorf, viele Jahre Mannschaftsport als Fußballer in Oberwart, die Zeit als Student im Haus Burgenland 1 in Wien, die ersten beruflichen Erfahrungen im ORF Burgenland und die damit verbundenen Menschen, die Geschichten und Begegnungen mit ihnen – das ist die feste Grundlage meiner burgenländischen Identität.

Ausgehend von dieser Basis habe ich meine berufliche Entwicklung weg vom Burgenland begonnen, ohne es je wirklich zu verlassen. Die Jahre beim ORF in Wien, die Familiengründung in Wien, die Auslandsengagements am Balkan – Schandorf ist immer mein Zuhause geblieben und ein Zuhause für meine Familie geworden.

Exakt 20 Jahre und 6 Monate, nachdem ich aus dem Burgenland beruflich weggegangen bin, habe ich mit Jahresbeginn 2017 meine neue Tätigkeit im Burgenland begonnen. Im wahrsten Sinne des Wortes, und ich empfinde das ganz stark so, ein *back to the roots.* Denn im ORF-Landesstudio, nach wie vor der beste Ort, um in elektronischen Medien Journalismus zu erlernen, hat meine berufliche Laufbahn 1991 begonnen. Anfangs war es ein merkwürdiges Gefühl, nach so vielen Jahren als Chef ehemaligen Kollegen zu begegnen, von denen ich damals alles über Fernsehen und Radio gelernt hatte. Es ist einerseits das Schließen des Kreises, andererseits aber das Wiederaufnehmen eines Fadens – das Wiedersehen mit Menschen, denen ich vor Jahrzehnten im Burgenland im Job, im Studentenheim oder auf dem Sportplatz begegnet bin und die jetzt Kollegen, Partner oder Kunden sind. Und viele dieser Persönlichkeiten haben in den vergangenen Jahren wesentlich zu der Dynamik beigetragen, die das Burgenland, nach dem Fall des Eisernen Vorhanges und vor allem nach dem Beitritt Österreichs zur Europäischen Union, so nach vorne gebracht haben.

Hundert Jahre Burgenland, das ist im historischen Kontext nicht viel mehr als ein Wimpernschlag. Die

Schreibweise meines kroatischen Namens ist ungarisch, mein Großvater hat in der Schule noch Ungarisch gelernt. Wenn nach dem Ende des Ersten Weltkrieges viele Österreicher nicht an die Lebensfähigkeit der jungen Republik geglaubt haben, so waren die Zweifel wohl noch größer, dass dieses aus dem ehemaligen Deutschwestungarn neu geschaffene Bundesland Burgenland bestehen könnte. Die großen Auswanderungswellen, der Nationalsozialismus, der Teile der ethnischen Vielfalt zerstört hat, der Zweite Weltkrieg, die Besatzungszeit – die ersten Jahrzehnte des Burgenlandes waren für die Menschen eine sehr schwere Zeit. Umso bemerkenswerter ist die Entwicklung, die das Burgenland genommen hat.

Burgenländerwitze gibt es nicht mehr. Die Burgenländerinnen und Burgenländer haben allen Grund, stolz zu sein auf das, was sie erreicht haben. Und damit ist nicht übertriebener Patriotismus oder gar Chauvinismus gemeint, beides ist der burgenländischen Mentalität ohnehin fremd, sondern ein gesundes Selbstbewusstsein und eine burgenländische Identität, die sich nach der schweren Geburt des Burgenlandes 1921 erst entwickeln mussten.

Werner Herics, geboren 1965, zweisprachig in Schandorf aufgewachsen. Volksschule Schandorf und Rechnitz, Gymnasium in Oberschützen, Magisterstudium Geschichte/Geographie in Wien. Ab 1991 beim ORF. Auslandseinsätze in Belgrad und im OSCE-Mediendepartment im Kosovo. Ab 2007 Geschäftsführer eines Zeitungs- und Magazinverlages in Belgrad, 2010 Vorstand „Regionalmedien Austria", ab 2013 zurück beim ORF, seit 2017 Landesdirektor des ORF Burgenland.

100 Jahre

Wolfgang Wagner

Korrumpierte Erinnerung

Was fällt Ihnen ein, wenn Ihnen das Wort „Glykol" unterkommt? Wenn es nicht „Süßwein" oder „Weinskandal" ist, sind Sie vermutlich entweder Kältetechniker, Automechaniker oder viel jünger als ich, eventuell aber auch schlicht Abstinenzler. Und was kommt Ihnen in den Sinn, wenn Sie „SV Mattersburg" hören? Richtig: „Commerzialbank-Skandal". Für Sie ist das möglicherweise nebensächlich, weil Sie nicht aus einer Weinbauernfamilie stammen oder kein Fußballfan sind. Wenn Sie aber beides sein sollten, so wie ich, haben Sie – oder wir – ein Problem. Wobei, Süßwein kann ich nach immerhin 35 Jahren wieder genießen, ohne dass jedes Mal die Assoziation Skandal den Genuss mindert. Gepanschte Erinnerungen scheinen sich doch mit der Zeit zu verdünnen, vielleicht erlebe ich noch, wie sich „Glykol" und „Skandal" aus meinen Weinerlebnissen komplett verflüchtigen.

Bei meinen korrumpierten Erinnerungen an den SVM wird das wohl nicht mehr der Fall sein. Bei einer Computerfestplatte ist es wichtig, den genauen Zeitpunkt zu finden, an dem ein korruptes File den Speicher verseucht hat. Für meine Mattersburger Fußballerinnerungen kann ich das genau datieren: Es ist der 15. Juli 2020, 6:30 Uhr. Ich wache auf, meine Frau schläft noch, ich scrolle am Handy die Nachrichten auf orf.at hinunter. Bei den Burgenlandschlagzeilen sehe ich: „FMA schließt Commerzialbank Mattersburg". Mein Hirn übersetzt: Das ist das Ende des

SV Mattersburg. Denn wenn ich eines in fast 20 Jahren Fanzeit gelernt habe – Commerzialbank, SV Mattersburg und Martin Pucher sind wesenseins.

Das Fußballwunder

Sie meinen, ich übertreibe? Die Erinnerungen an schöne sportliche Momente werden Bestand haben, unabhängig von der Aufarbeitung des Skandals? Dann lassen Sie uns gemeinsam zurückblicken auf den Juli 2015. Der SVM hat eben den Wiederaufstieg in die höchste Spielklasse, die Bundesliga, geschafft. Zwei Jahre musste der Verein – und seine Fans mit ihm – in der zweiten Liga darben. Am 25. Juli wird die Mannschaft für den Meistertitel und den Aufstieg beim ersten Bundesligaspiel der neuen Saison geehrt. Gegner ist der Serienmeister Red Bull Salzburg. In der 93. Minute, in der letzten Aktion des Spiels, gelingt dem SVM das Siegestor zum 2:1. 8500 Zuschauer feiern ekstatisch. Wir sind wieder wer, wir haben die Dosen-millionäre geschlagen. Wir, die ewigen Underdogs, als die sich viele Burgenländer gern sehen, gegen die Großkopf-ferten aus dem Westen. Geld schießt doch keine Tore! Die burgenländische Fußballwelt war wieder in Ordnung.

Heute weiß man, dass genau drei Wochen vor dem Match bei der Korruptionsstaatsanwaltschaft das Mail eines „Whistleblowers" eingegangen ist, in dem die unglaublichen Vorgänge in der Commerzialbank Mattersburg beschrieben wurden. Nur Namen und konkrete Kreditnummern fehlten. Trotzdem verliefen die (zaghaften?) Untersuchungen im Sande. Hätte es eine Hausdurchsuchung gegeben, wäre das Fußballspiel des SVM gegen Red Bull Salzburg wohl gar nicht mehr angepfiffen worden, das Kartenhaus des Martin Pucher damals

schon eingestürzt – und hunderte Millionen Euro Schaden wären vermieden worden. So spricht der „Kredit-
schutzverband von 1870" von der drittgrößten Insolvenz
in der österreichischen Wirtschaftsgeschichte, mehr als
800 Millionen an Forderungen wurden angemeldet, die
Hälfte von der Einlagensicherung der Banken, die den
Sparern ihre Ersparnisse bis zu einer Höhe von 100.000
Euro ersetzt hat.

An dieser Stelle frage ich mich: Bin ich Geschädigter
oder Profiteur? Ich hatte keine Geschäftsverbindung mit
der Commerzialbank, habe die Zentrale in Mattersburg –
über die Armin Wolf in der ZIB 2 am 15. Juli sagte, sie
sehe aus „wie eine größere Trafik, hat aber eine Bilanz-
summe von 800 Millionen Euro" – genau einmal im Jahr
betreten, um die Jahresabokarten für mich und meinen
Sohn abzuholen. Das war mitunter schon sehr speziell,
weil man nur bar zahlen konnte und ich manchmal zuerst
um die Ecke in die Bank-Austria-Filiale gehen musste,
um die Summe abzuheben. Dann kam ein Mitarbeiter,
der sowohl Fußballfunktionär als auch Bankangestellter
war, aus dem ersten Stock herunter, nahm das Bargeld in
Empfang und händigte die Karten aus. Für mein Geld
habe ich Bundesligafußball bekommen, bin also eher
Profiteur, weil ohne die Beträge, die Pucher von der Bank
in den Verein verschoben hat, vermutlich höchstens die
Landesliga erreichbar gewesen wäre. Schließlich waren
es laut Masseverwalter allein in den letzten bereits über-
prüften zehn Jahren 57 Millionen Euro.

Wer aber waren die wirklichen Profiteure? Die Fuß-
ballprofis jedenfalls, die weit über dem Niveau eines Pro-
vinzklubs bezahlt wurden, Gagen von bis zu 20.000 Euro
im Monat wurden kolportiert. Die Vereinsangestellten,
denn ein Landesligaklub hat keine. Jetzt sind sie unter

den Hauptgeschädigten, weil arbeitslos. Ebenso wie hunderte Mitarbeiter von zwei nominellen Hauptsponsoren, die mit dem Verein und der Bank so verwoben waren, dass sie auch pleite gingen.

Und die SVM-Fans? Hatten – oft – ihren Spaß, jetzt aber keinen Verein mehr und Erinnerungen, die sie besser für sich behalten. Wahrscheinlich war es ähnlich, als der Radrennfahrer Lance Armstrong gestand, dass er seine sieben Tour-de-France-Triumphe allesamt gedopt errungen hatte. Ihm wurden die Titel aberkannt. Den SVM-Profis kann man es nicht vorwerfen, dass das Geld für ihre Gagen aus unsauberen Quellen war. Tatsache ist aber: Ohne das Geld wären keine guten Spieler gekommen, dadurch wurde der Wettbewerb verfälscht. Ob die Bundesliga in ihren Tabellen nachträglich vermerken wird, dass die SVM-Platzierungen – die beste 2007 immerhin Platz 3 – mit unsauberen (Geld-)Mitteln errungen wurden? Eher nicht. Trotzdem war ein Fortbestand unter neuer Führung unmöglich, weil Konkurrenzklubs (zum Beispiel der SV Ried), die abgestiegen waren, weil sie sich nicht so teure Spieler und Trainer wie der SVM leisten konnten, auf Schadenersatz klagen wollten. Schließlich waren ihnen durch ihren Abstieg Millioneneinnahmen entgangen.

Eine Frage, die ich mir stelle: Hätte uns Fans etwas auffallen können oder gar müssen? In den ersten Jahren des Fußballwunders, also nach dem Bundesligaaufstieg 2002, sicher nicht. Das Pappelstadion wurde von Fans gestürmt, der Zuschauerschnitt lag drei Saisonen lang über 10.000 pro Spiel, nur Rapid Wien hatte mehr. Wir dachten, der Verein schwimme im Geld. Nach dem Karriereende der SVM-Ikone Didi Kühbauer sah es dann anders aus. Von Jahr zu Jahr kamen weniger Zuschauer, nach dem Abstieg 2013 und während der zwei Saisonen in der zweiten Liga sowieso. Aber auch nach dem Wiederaufstieg blieb das erwähnte Spiel gegen Red Bull mit 8500 Zuschauern die Ausnahme. Auch die Stadionbuffets und die Kantine zogen immer weniger Leute an, lieferten also kaum mehr Einnahmen. Trotzdem kamen neue Trainer und Spieler – und der Verein hielt die Klasse. Wie macht das der Pucher, fragte man sich oft. Aber weniger mit misstrauischem als vielmehr mit bewunderndem Unterton. Wie es auch in der Bank üblich war, wurden Absonderlichkeiten eher positiv umgedeutet. „Er" legt halt keinen Wert auf Service, Komfort, etwa Ticketverkauf per Webseite etc., spart bei den Overheadkosten, steckt alles in den Spielbetrieb. Auch die offensichtlichen Charakterdefizite wie sein autoritärer Führungsstil oder sein Hang zum selbstverliebten Monologisieren wurden Martin Pucher nachgesehen. Im Bezirk Mattersburg war er schließlich der größte Mäzen im Sport und auch ein Wohltäter im Sozialbereich. Bis zu 100.000 Euro machten Sponsoring und Geschenke pro Jahr an Vereine und Einzelpersonen aus. Jetzt weiß man: Mit abgezweigtem Geld (es gilt die Unschuldsvermutung) kann man leicht großzügig sein. Noch kurz nach dem Bekanntwerden der Ungeheuerlichkeiten wollten manche Pucher zum Robin Hood verklären. Mittlerweile sehen sie ihn eher als Don Corleone aus „Der Pate" – wenn auch ohne Blutspur. Vollkommen bizarr wird es, wenn man aus den Einvernahmen kolportiert bekommt, er behaupte, im Fußballtoto über die Jahre mehr als 6 Millionen Euro eingesetzt und damit fast 1 Million gewonnen zu haben – dazu noch eine weitere Million mit einem Lottosechser. Warum fällt mir dazu der Satz ein: „Ein Kreter sagt, dass alle Kreter lügen"?

Besonders bestürzend ist die Aussage Puchers, er habe mit seinen Machenschaften schon in den 1980er Jahren begonnen. Das hieße, der Aufstieg von Bank und Verein war von Anfang an auf Lug und Trug aufgebaut. Wie passt das zum hochseriösen Image, das Pucher hatte? Kein slicker Banker, sondern bieder, hemdsärmelig, bodenständig, ein Mann mit Handschlagqualität. Das hat ihn überregional bekannt gemacht, die Bosse der Bundesligaklubs wählten ihn sogar zu ihrem Präsidenten, er bekleidete das Amt von 2005 bis 2009. In dieser Funktion hatte ich meinen einzigen persönlichen Kontakt mit ihm. Er war wegen der Fußball-EM 2008 Gast in der ZIB 2. Den Smalltalk am Weg zum Studio und danach habe ich als zäh in Erinnerung, als Persönlichkeit beeindruckte er mich nicht. Aber auch bei mir verfing das Paradoxon: Wenn einer derart erfolgreich ist, muss er wohl verborgene Fähigkeiten haben?

Hat seine Hemdsärmeligkeit und Schlichtheit auch die Wirtschafts- und Bankenprüfer so eingelullt, dass sie die letztlich plumpe Masche, unzählige Kredite und riesige Bankguthaben einfach zu erfinden und zu fingieren (es gilt noch immer die Unschuldsvermutung), für schlicht unmöglich gehalten haben?

Was Puchers Image sicher genutzt hat, waren die positiven Emotionen, die vom Fußballverein jahrelang ausgingen. Bis Ende der 2000er Jahre galt der SVM als Aushängeschild, vom „Stolz des Burgenlandes" war die Rede. Jeder wollte einmal die als so einzigartig beschriebene Atmosphäre des Pappelstadions kennen lernen. Ich hatte fast bei jedem Spiel fußballbegeisterte Kollegen aus Wien zu Gast, die mich gebeten hatten, Karten zu besorgen. Seit Auffliegen des Skandals höre ich hingegen öfter die Formulierung: „Du und dein SVM …"

Das Weinwunder

Beim Weinskandal von 1985 hat in der Zwischenzeit eine Neubewertung stattgefunden, ihm wird ja mittlerweile geradezu kathartische Wirkung zugeschrieben. Wenn überhaupt, kommt er öffentlich nur mehr als Auslöser für das „österreichische Weinwunder" zur Sprache. Was meint, dass es wegen der damaligen Krise einen Qualitätssprung gab, der österreichischen Wein international in eine höhere Kategorie als vor dem Skandal hob. Dass am Weg dahin hunderte Winzerexistenzen zerstört wurden, die gar nichts dafür konnten, dass einige schwarze Schafe ihren Wein mit Glykol gepanscht hatten, ist heute weitgehend in Vergessenheit geraten. Bei mir allerdings nicht, weil ich Ende der 1980er Jahre miterlebt habe, wie mein Vater zunächst als Obmann, dann als Aufsichtsratsvorsitzender der Kleinhöfleiner Winzergenossenschaft versucht hat, ihren Ruin nach dem Zusammenbruch des Weinmarktes zu verhindern. Vergeblich – die Genossenschaft wurde liquidiert. Viele Nebenerwerbswinzer mussten den Weinbau aufgeben. Auch mein Vater machte aus Weingärten Grünbrachen, weil man dafür eine Stilllegungsprämie bekam. Strukturwandel nannte man das euphemistisch. Die verbliebenen Vollerwerbswinzer nützten ihre Chance, viele bekamen nach dem EU-Beitritt 1995 Förderungen. Daher wird die burgenländische Weinwirtschaft heute eher mit modernen Weingütern aus Beton, Glas und mit gekühlten Stahltanks identifiziert als mit den seinerzeitigen traditionellen Holzfässern in Erdkellern. Die sind oft zu Kellerstüberln oder zu Saunas umgebaut worden. Die verbliebenen Kellerviertel oder Kellerstöckl können, schön restauriert, touristisch genutzt werden und tragen zum positiven Image des burgenländischen Weinbaus bei.

Als ich 1985 zum Studieren nach Wien kam, war das Image des Weinbaus sprichwörtlich im Keller – und dort blieb es bis zum Ende des Jahrzehnts, das ich dann schon als freier Mitarbeiter in der „Zeit im Bild" erlebte. Burgenland und Weinskandal wurde geradezu synonym verwendet, obwohl es ja auch ein niederösterreichischer Skandal war, von den gepanschten Mengen her gesehen sogar mehrheitlich. Einen Aufschwung erlebte allerdings der Burgenländerwitz. Zum Beispiel dieser: „Warum hat der Burgenländer im Kühlschrank immer eine leere Weinflasche stehen? Es könnte ja einer kommen, der nichts trinkt." Gemeinsame Abende mit den Kollegen waren oft auf meine Kosten lustig, als Jüngster hatte ich wenig zu lachen. Manchmal wehrte ich mich: „Wieso sind die Burgenländerwitze immer so kurz? Damit die Wiener auch mitkommen."

Zum Glück ist der Burgenländerwitz aus der Mode gekommen. Der Commerzialbank-Skandal mit seinen bizarren Facetten böte zwar reichlich Stoff, noch erkenne ich aber keine Anzeichen, dass er zur Wiederbelebung führt. Aber auch ein neues, diesmal ehrliches Fußballwunder ist nicht in Sicht. Die zwei besten burgenländischen Mannschaften Neusiedl am See und Draßburg sind drittklassig, spielen also in der Regionalliga. Draßburg ist geschwächt, weil der Hauptsponsor ausfiel – richtig, die Commerzialbank. Die übrigens auch die Nachwuchsmannschaften der Fußballakademie Burgenland als Dressensponsor hatten. Das Commerzialbank-Logo musste überklebt werden. Die offene Wunde, die mir durch diesen Skandal zugefügt wurde, lässt sich leider nicht so leicht schließen.

Wolfgang Wagner, 1967 geboren und aufgewachsen in Eisenstadt, hat im dortigen ORF-Landesstudio 1987 als TV-Journalist begonnen. Arbeitet seit 1991 in der ORF-Zentrale in Wien, zwischenzeitig (1995/1996) als Korrespondent in Berlin. Seither Tagespendler von seinem Wohnort Eisenstadt. Leitet das ORF2-Politikmagazin „Report".

Rosemarie Schwaiger

Das Idyll hinter der Mauer

Wie ein altes Haus in Oslip zu unserem Sehnsuchtsort wurde

Anfangs lief es nicht gut. An einem Samstagmorgen Ende August saß ich auf der Bank vor unserem erst am Vortag bezogenen Haus und fragte mich, was ich hier sollte. Die Sonne schien, eine Hummel umschwirrte meinen Kaffeebecher, der Rosenstrauch blühte – und mir war zum Heulen. Nie zuvor hatte ich mich in einer neuen Bleibe so eingesperrt gefühlt wie hier.

Ich bin ein Aussichtsjunkie, das muss man wissen. Wann immer ich in Wien eine neue Wohnung suchte (und das tat ich sehr oft), ging es mir in erster Linie um den Ausblick. Ich habe schmutzig-graue Fassaden, versiffte Stiegenhäuser, winzige Badezimmer und eine absurde Raumeinteilung akzeptiert, wenn ich dafür vom Küchentisch aus über die Dächer schauen konnte oder von der Couch auf ein paar Bäume und den nächsten Kirchturm. Und jetzt saß ich also im Garten der ersten Immobilie, die wenigstens zur Hälfte mir gehörte, und blickte auf: eine 2 Meter hohe, etwa 15 Meter lange frisch gekalkte Wand. Von der Welt dahinter schaffte es nur der Kamin des Nachbarhauses in mein Blickfeld. Warum war mir das bei mehreren Besichtigungsterminen vorher nicht aufgefallen?

Dieser trübselige Samstagvormittag ist mittlerweile 17 Jahre her. Mein Freund Reinhard und ich haben das Haus noch immer. Fast jedes Wochenende pendeln wir von Wien nach Oslip. Wenn ich heute im Garten sitze, sehe ich nicht mehr die Wand, sondern die Hortensien und den Lavendelstrauch, den üppig wuchernden Efeu und den wilden Wein, der so schnell wächst, dass wir auf der anderen Seite der Mauer zweimal im Jahr das Verkehrszeichen freischneiden müssen. Was ich einst als unerhörte Begrenzung empfand, betrachte ich heute als Luxus: Manchmal will man seine Ruhe haben und das kann – so paradox es klingt – auf dem Land schwieriger sein als in der Stadt. Die Neugier der Leute verhält sich ja meistens umgekehrt proportional zur Zahl der Ereignisse. Um etwas präziser zu werden: Bei uns in Oslip ist so herrlich überhaupt nichts los, dass es für Dorftratsch reichen würde, wenn die Einheimischen wüssten, wie umständlich wir neulich herausfinden wollten, ob unser Kanalanschluss eh dicht ist. Die Mauer überlässt es uns, was wir mit den Nachbarn teilen wollen. Vielleicht war das ein Grund, warum die Leute hier früher statt eines Zaunes gleich so ein massives Trumm als Einfriedung wählten.

Unser Haus wurde 1894 von einer Familie namens Jagschitz errichtet. Das weiß ich, weil es auf dem Giebel eingraviert wurde. Damals baute man im Burgenland Streckhöfe – sehr lange, ziemlich schmale, ebenerdige Gebäude, die von der Straße aus klein und unscheinbar aussehen, nach hinten aber gar nicht mehr aufhören wollen. Solche Häuser kaufen heute nur noch Wiener und andere Zuzügler. Die Einheimischen stellen sich lieber was Neues auf die Wiese. Ich kann das gut verstehen, obwohl es traurig ist, dass viele dieser alten Häuser verfallen. Unser noch von den (Wiener) Vorbesitzern originalgetreu renoviertes Domizil hat eine wunderbare Atmosphäre, aber man täte ihm unrecht, wenn man es als praktisch bezeichnen würde: Wegen der kleinen Fenster wird es im

Inneren nie ganz hell. Die dicken Sandsteinmauern halten im Sommer schön kühl – und im Winter leider ebenfalls. Es ist auch nicht jedermanns Sache, wenn der Gang mitten durch das Schlafzimmer führt. Jedenfalls findet man das alles leichter romantisch, wenn man nicht das ganze Jahr darin wohnt.

Irgendwer hat uns einmal erzählt, dass die Häuser einst so gebaut wurden, weil sich die Grundsteuer an der Zahl der straßenseitigen Fenster bemessen habe. Also sei umsichtig dafür gesorgt worden, dass es zur Straße hin nur wenige Fenster gab. Soweit ich das recherchiert habe, stimmt die Information nicht. Trotzdem würde sie gut zu dem Bild passen, das ich als Wochenendburgenländerin von meinen Teilzeitlandsleuten gewonnen habe: Sie gehorchen der Obrigkeit, insofern stimmt das Vorurteil. Aber sie lassen sich etwas einfallen, um dabei nicht den Kürzeren zu ziehen.

Ich glaube, es liegt nicht bloß an der geografischen Nähe, dass die Wiener so gerne ins Burgenland kommen. Klar macht es die Dinge einfacher, wenn das Wochenendhaus oder der liebste Ausflugsort nicht einmal eine Stunde Fahrzeit entfernt sind. Aber es geht wohl auch um die besondere Stimmung, die hier herrscht. Nichts entschleunigt den Großstädter so nachhaltig wie ein Blick von den Weinbergen auf den Neusiedler See – der von hier oben tatsächlich aussieht, als wäre er ein ernst gemeintes Gewässer und nicht bloß eine große Pfütze. Mir fällt wenig ein, was am Freitagabend zuverlässiger Urlaubsfeeling aufkommen ließe als unser stilles, beschauliches Dorf, in dem die Pensionisten wie früher auf den Bänken an der Straße sitzen und miteinander tratschen. Wenn wir vorbeifahren oder -gehen, nicken sie uns zu. Ich bin mir nicht sicher, ob sie uns wirklich gerne sehen oder eher als exotische Sonderlinge betrachten. Aber falls sie über uns lästern, bekommen wir das wenigstens nicht mit.

Es trägt zur Entspannung sicher auch bei, dass manche Gewerbetreibende der Gegend zum Kapitalismus ein äußerst entspanntes Verhältnis pflegen. Wir haben wegen ein paar kleinerer Reparaturen einmal einen Elektriker beschäftigt, der sich trotz mehrfacher Aufforderung jahrelang weigerte, eine Rechnung zu schicken. Es ging nicht darum, dass er ohne Beleg entlohnt werden wollte. Es war ihm schlicht zu mühsam, wegen ein paar Euro den Postweg in Gang zu setzen. Seit Jahren überlegen wir, ob wir das alte Dach unseres Hauses nicht doch endlich erneuern lassen sollen. Wahrscheinlich wird es nie dazu kommen, weil die zwecks Begutachtung angeforderten Professionisten uns reihenweise erklären, dass es eh nicht unbedingt sein müsse. Einer versprach trotzdem, ein Angebot zu schicken, hat dieses Vorhaben dann aber offenbar schon auf der Heimfahrt vergessen. Im Ort gibt es, das ist sehr erfreulich, noch ein kleines Lebensmittelgeschäft. Am Samstagvormittag dient es allerdings weniger dem Einkauf als dem Austausch von Neuigkeiten. Ich bin mehrfach unverrichteter Dinge wieder abgezogen, weil ich den angeregten Tratsch in der Schlange vor der Wursttheke nicht durch ungeduldiges Herumzappeln stören wollte. Aber in Wahrheit ist es schön, wenn ein Geschäft nicht bloß dem Geschäftemachen dient.

Der Legende nach hat Fred Sinowatz, der einzige Bundeskanzler, den das Burgenland je stellen durfte, die Cselley-Mühle in Oslip 1976 mit folgenden Worten für Besucher freigegeben: „Ich weiß zwar nicht, was ich hier eröffne, aber ich eröffne es." Businesspläne sind nicht alles, das hat sich bewahrheitet. Bis heute funktioniert die

Cselley-Mühle als Veranstaltungsort, an dem von der Bauernhochzeit bis zur Jugenddisko alles möglich ist.

Auf Dauer nicht erfolgreich war das Geschäftsmodell einer Art von Pub in der Osliper Hauptstraße. Die kleine Bar hat schnell wieder dicht gemacht, obwohl ich persönlich die Kundenbindung originell fand: Nach jeweils sieben Spritzern bekam der Gast einen aufs Haus.

Oslip ist ein kroatisches Dorf. Deshalb stehen auf der Ortstafel zwei Namen: Oslip und Uzlop. Die Vorfahren der Kroaten im Ort kamen zur Zeit der Türkenkriege, und ziemlich viele Familien dürften über Generationen hiergeblieben sein; dafür spricht die auffällige Häufung einiger Nachnamen. Für die Kroaten in Oslip ist ihre Geschichte deutlich mehr als nur Folklore, sie nehmen das kulturelle Erbe ernst: Schule und Kindergarten werden zweisprachig geführt, auch der Pfarrer predigt doppelt – erst auf Deutsch, dann auf Kroatisch. Die sehr gute Tamburica-Gruppe ist für ein Dorf mit nicht einmal 1300 Einwohnern bemerkenswert groß. Nachwuchsmangel gibt es offenbar nicht zu beklagen.

Das alte Burgenlandkroatisch klingt für Auswärtige seltsam, weil es für die technischen Innovationen der letzten 500 Jahre keine Vokabeln hat. Wie für eine Sprachinsel typisch, behilft man sich mit Ausdrücken des Mehrheitsidioms. Das führt dazu, dass mitten im für uns unverständlichen Sprachfluss plötzlich vertraute Worte wie Fernseher, Waschmaschine oder Mähdrescher fallen können. Vor allem die älteren Osliper scheinen sich gelegentlich einen Spaß daraus zu machen, Auswärtige mit einem kroatischen Wortschwall einzudecken. Neulich war eine Greisin mit ihrem Rollator auf der Straße vor unserem Haus spazieren. Wir wollten gerade ins Auto steigen, als sie begann, laut und offenbar gut gelaunt auf uns einzureden. Irgendwie schien es um das Haus zu gehen, jedenfalls deutete sie mehrfach in die Richtung. Zweifellos wäre sie imstande gewesen, uns auf Deutsch zu erklären, was sie wollte. Aber darauf hatte sie offenbar gerade keine Lust.

Die meiste Zeit schaffen wir es, glaube ich, im Dorfalltag nicht negativ aufzufallen. Als es vor ein paar Jahren um die Frage ging, welche Bäume in unserer Straße gepflanzt werden sollen, besuchte ich brav die Anrainerversammlung, hielt mich aber mit Kommentaren zurück. Zugereiste, die alles besser wissen, gibt es auf der Welt wirklich schon genug. Man entschied sich schließlich für Nussbäume, weil die immer schon in Oslip standen und im Falle eines Großbrands den Flammen noch am ehesten Widerstand leisten würden, wie der Bürgermeister erklärte.

Aber unsere Integration verlief nicht immer so klaglos. Vor ein paar Jahren sind wir ins Gerede gekommen – und zwar ebenfalls wegen eines Baumes. In unserem Garten steht eine Kiefer, deren Zapfen in großer Zahl auf die Straße hinter der Mauer purzeln. Normalerweise macht das nichts; Autos und Traktoren fahren darüber, zermalmen die Zapfen und irgendwann trägt der Wind die Reste davon. Zwischendurch kehren wir auch immer wieder zusammen. Leider hatten wir das in einem Jahr gleich vor zwei wichtigen Events vergessen: vor der Prozession zu Christi Himmelfahrt und vor einem Umzug des Musikvereins. Sowohl der Pfarrer als auch die Blasmusik mussten also durch den von unserer Kiefer verursachten Saustall stapfen. Eine Freundin im Ort wies uns anschließend im Vertrauen darauf hin, dass so etwas bitte nicht mehr vorkommen dürfe. Die Teilnehmer hätten sich massiv über uns geärgert.

Seither kehren wir in der Veranstaltungssaison besonders emsig. Wir möchten nämlich gerne noch sehr lange
hierbleiben.

Rosemarie Schwaiger ist gebürtige Tirolerin, lebt unter der Woche in Wien und arbeitet seit vielen Jahren als Redakteurin beim
Nachrichtenmagazin „Profil". Seit 2003 besitzt sie mit ihrem Le-
bensgefährten (der aus Oberösterreich stammt) ein altes Haus
in Oslip.

100Jahre

ulrike truger

eingeboren

eingeboren ins land,
weite der hügel,
leben der düfte,
freiheit des schritts mit eigenem maß.

doch auch die stadt.
das lernen, sehen, das kennenlernen,
wissen sammeln,
die neugier leben in die welt hinaus.

immer wieder:

am land leben, mit dem land,
inmitten des lebens
der natur.
das leben des brotes,
des teigs, der geht und ruht,
des weines, der gärt und klärt,
der meische.

das gären,
das destillieren der früchte,
der themen und formen
aus dem stein.

das kochen,
das kochen mit dem gewachsenen,
aus tiefen speichern
gerüche erinnern,
ein neues ganzes.

die ahnen auf gütern,
altes wissen,
vertraut
die schüsseln und tische, die fässer,
das große, das ganze,
das große ganze.
jeder stein ist ein berg

der rhytmus,
der rhytmus der stunden und tage,
licht und dunkel,
das kommen und gehen,
der rhytmus der schritte,
der schläge am stein.

im takt bleiben,
im eigenen takt.
im gehen und laufen,
im atmen,
im tanz mit dem stein.

Abb. 1: „SCHRITT, 2014, bracer marmor

Abb. 2: „HOW DARE YOU, hommage an greta thunberg, 2020, carrara marmor"

ulrike truger, geboren in hartberg, lebt freischaffend in buchschachen, studium und diplom für bildhauerei an der hochschule für angewandte kunst/wien. arbeitsschwerpunkte: stein-bildhauerei, skulptur im öffentlichen raum, gesellschaftspolitische themen („wächterin", „elisabeth", „markus-omofuma-stein", „gigant", „romni"), www.ulriketruger.at.

Abb. 3, Abb. 4, Abb. 5: „skulpturenpark TRU, www.ulriketruger.at/
skulpturenparktru"
Bildnachweis: cr ulrike truger

100 Jahre

Theodora Bauer

Ein Rezept für das Burgenland

Man nehme: Ein flaches Land.

Das Ausgangsmaterial. Die ideelle Grundlage. An den Rändern bröcklig, weil es so fein ausgerollt ist, das ist gut, so soll es sein. Ausgerollt bis zur vollkommenen Transparenz, vermeintlich nichts dahinter, ein teigiges Anhängsel. So fangen wir an zu arbeiten.

Den ausgerollten Teig breiten Sie vor sich hin, streichen ihn glatt. Mehl drüber, dass man arbeiten kann. Nun schlagen wir den Teig drei-, viermal zusammen, schlagen ihn ein, bis eine längliche Teigwurst entsteht. Sehr gut, genau so. Wie sie nun vor uns liegt, soll sie sein. Etwas unordentlich, aus dünnen Schichten so lange aufgebaut, bis sie Masse bekam. Wieder Mehl drauf. Man muss arbeiten können.

Um den Eindruck einer sanften Wellung zu erzeugen, drücke man die Fingerknöchel mehrmals in den Teig. An anderen Stellen – vor allem am unteren Ende – die ganze Handfläche. Die Gruben sind hier größer, tiefer, aber an ihrem Grunde flacher. Nehmen Sie Ihre ganze Kraft zusammen und schlagen Sie mehrmals und mit großer Energie auf das obere Ende der Wurst. Dieses muss wirklich, wirklich flach sein. So flach wie geht. Der Rest kann unruhig gewellt bleiben, man will einen malerischen Eindruck erzeugen, wie hingegossen, undefinierbar. Frisch. Sehr gut, genau so.

Wir sollten nicht zu viel nachdenken über die Form. Mir schien immer ein junges Mädchen mit bauschigem Pferdeschwanz und Schulrucksack in nordsüdlich aufmüpfiger Richtung auf einer niederen Mauer zu sitzen. Aber man kann auch einfach nur einen länglichen Wust sehen, ein vages Von-oben-nach-unten mit unregelmäßigen Ausbuchtungen am Rande. Es ist letzten Endes einfach Betrachtungssache. Sie dürfen sich durchaus Freiheiten bei der Gestaltung der Grenzen nehmen, die sind ohnehin nie so fest gesteckt gewesen wie gedacht. Die Unordnung, eine gewisse Schlampigkeit in der Formung erweckt einen realitätsnahen Eindruck. Sagen Sie einfach, das war gewollt.

Man nehme: Belag.

Womit man den nun fertig geformten Teigbatzen bestreut, das ist wirklich eine Frage des Geschmacks. Es gibt wenig, mit dem man hier falsch liegen könnte – die wildesten Mischungen sind möglich, sie schmecken überraschend gut. An vereinzelten Stellen, als flockenweise Auflockerung, könnte man Matchapulver über das Land streuen, im Norden definitiv, im Süden dort, wo die Künstler ihre Häuser haben. Einige Brokkolibäume in den teigigen Boden pflanzen, das geht immer, die biologische Komponente nicht vernachlässigen. Man kann Teile von Tieren über dem Teig verteilen, vor allem Hühner, ich empfehle Hühner. Man kann ein Ei aufschlagen und in den Teigmulden schwimmen lassen, vielleicht anstelle des Neusiedlersees, das vermittelt eine interessante

Optik: Der See – das gerinnende Ei – das Land der Sonne – ein richtiger Hingucker. Von oben nach unten und vor allem quergezogen kann man in unruhigen Kurven, in dünnen Strömen oder zackigen Schlieren Kuchenglasur anbringen; die Bäche, die in alle Richtungen hin sanft plätschern. Selbst bei besonderer Kunstfertigkeit sind sie in diesem Falle gezwungen, am Rand unseres Landes zu versickern; machen Sie sich nichts draus. Für große Connaisseure steht es an, einzelne Stücke handgemachter Weihnachtsbäckerei ohne Wenn und Aber, ohne Rücksicht auf Bröseln und Kalorien in den Teig zu rammen, noch etwas nachzustopfen, auch wenn es gar nicht mehr hineinpasst. Außerdem könnte man Trüffeln eingraben im Teig – in der Tat, ich habe schon von Trüffeln gehört, sie sollen ausgezeichnet gedeihen hier, zumindest theoretisch. Man kann Weintrauben in Reih und Glied, die drahtgespannten Rebenreihen symbolisierend, über die Hügel und Verwerfungen ziehen; eingeteilt in Rot und Weiß. Zur Verfeinerung könnte man orientalische Gewürze, griechische Melanzanischeiben, einige asiatische Teigtaschen in losen, aber malerischen Ensembles quer über das Land verteilen, zweifellos. Einen Hauch von Gulasch durch Beigabe von Paprikapulver zum Beispiel – das wäre doch eine naheliegende Idee. Ich habe auch schon ausgezeichnetes Eis gegessen, es spricht insgesamt wenig – außer vielleicht die Raumtemperatur – gegen ein feinfühlig platziertes Stanitzel. Lassen Sie sich gehen. Geben Sie sich hin. Gestalten Sie. Und Somlauer Nockerl können auch nicht schaden.

Man nehme: Die Sauce.

In welcher Sauce, fragen Sie sich, brät nun diese unge-
wöhnliche Mixtur? Auch hier sind ihrer kulinarischen
Gestaltungsfreiheit kaum Grenzen gesetzt, weder nach
Osten noch nach Westen hin. Eine klassische Lösung wä-
re natürlich: Wein. Wenn Sie hierbei fachkundig nach
Rezept vorgehen wollen, legen Sie Ihre Teigwurst samt
Belag mit aller gebotenen Vorsicht in ein tiefes Blech.
Ein tiefes Blech, das ist wichtig; es muss ordentliches
Fassungsvermögen haben. Präparieren Sie die in Frage
kommenden Utensilien, verkosten Sie sie, drücken Sie sie
im Mund herum, als würden Sie sich auskennen; ziehen
Sie durch die Zähne und schlucken Sie schließlich mit
Kennermiene hinunter. Nach getroffenem Geschmacks-
urteil schütten Sie also je eine Flasche weiß und eine Flasche rot – und (wenn Sie ein besonders feines Näschen
unter Beweis stellen wollen) eine Flasche Uhudler über
den Teig. Es mag schon sein, dass der eine oder andere Brokkoli dann in den Weinfluten untergeht, dass das
Matchapulver der Mischung eine unansprechende Farbe verleiht, die Kuchenglasur in unromantischen Schlieren versickert und aus dem verflüssigten Gulaschgewürz
eine deftig-herbe Note aufsteigt. Aber Sie wollen doch
bei der Wahrheit bleiben, bei dem von jeher überlieferten
Rezept, das, kundig ausgeführt, hierzulande so manches
Familienfest, das schon im Argen lag, in letzter Minute noch gerettet hat. Außerdem sieht die Landschaft aus
dem richtigen Winkel – nämlich durch ein Glas – betrachtet immer etwas verbogen und verflossen aus. Wenn
die Bäume halb umgestürzt in der Mischung dümpeln,
wenn die letzten Weihnachtskekse wie verlassene Schiff-
chen über den Weinsee schlingern und müde Blasen aus

dem Landesinneren aufsteigen – lassen Sie nur, justieren Sie nicht nach. Hier, in diesem altertümlichen Rezept, zeigt die Region ihr reinstes und wahrstes Wesen. Was so im Wein schwimmen und nicht gänzlich untergehen kann, das hat Bestand.

Es gibt allerdings auch Abwandlungen der klassischen Saucenpanier. Ich sage es gleich, diese Variante wird vielen nicht schmecken – wobei sie noch immer eine erstaunliche Anzahl hartgesottener Traditionsliebhaber zu ihren Leibgerichten zählen. Dieser Saft hat einen etwas bitteren Abgang, in dessen verdächtig organischem Geruch eine deutliche Schärfe liegt, allerdings tritt durch diese charakteristische Kombination das Geschmacksprofil des Landes in vielerlei Hinsicht deutlicher zum Vorschein. Sollten Sie sich für diese Variation entscheiden, ist es unbedingt geboten, sich strikt an die Anweisungen zu halten: Nehmen Sie Worcestersauce, alte Bratensauce täte es auch, in Wasser eingeweichte verbrannte Reste, etwas leicht Braunes jedenfalls – nehmen Sie, was Sie in die Finger kriegen. Aber um Gottes Willen keine Sojasauce! Bevor Sie in üppigem Schwall zu schütten beginnen, schieben Sie auf jeden Fall die gesamte Teigwurst an den äußerst rechten Rand des Bleches. Jenseits davon darf es nichts mehr geben, dieser Wall muss stehen, auch wenn Sie dazu die natürliche Form ihres Backwerkes etwas verbiegen müssen. Hier endet das Land an einer Metallkante. Dementsprechend entfernen Sie bitte auch das Matchapulver, jegliche orientalischen Gewürze und vielleicht sogar den Brokkoli. Die Hochzeitsbäckerei darf bleiben. Als krönenden Abschluss finden Sie einen stabilen Stand, beugen Sie die Beine leicht, holen Sie aus und schlagen Sie mit Entschiedenheit eine enorme Schweinshaxe auf das Blech – in gekochtem oder ungekochtem Zustand, das ist egal. Der Teig wird spritzen, das Land wird unter dieser Behandlung zugrunde gehen, aber das ist Teil des Rezepts. Sie haben schon Recht, Ihre sorgsam zusammengestellte Teiglandschaft wird hier ordentlich deformiert, es stellt sich eigentlich die Frage, wieso sie überhaupt aufgebaut wurde, ob man sich die Mühe nicht hätte sparen können – aber fragen Sie nicht weiter. Diese Vorgangsweise ist Teil des Rezepts. Und das duldet keine Diskussion.

Eine dritte Alternative wäre natürlich der kulinarische Wildwuchs, der etwas absolut Reizvolles haben kann, wenn sie genug Feingefühl haben, ihn adäquat zu exekutieren. Baden Sie das Land, das sie zu gestalten denken, in jeglichen Substanzen, die Ihnen einfallen; beschallen Sie es mit Ihrer liebsten Rockmusik, streuen Sie Seiten aus in Würde gealterten Nietzsche-Schinken darüber, füttern Sie ihm die Bibel, schmeißen Sie meinetwegen die Fernbedienung nach und toppen Sie das Ganze mit einem erfrischenden Guss aus selbstgemixten Ananas-Mango-Smoothies und Vitamindrinks. Die Chiasamen sind, ebenso wie die trockenen Tannennadeln des letztjährigen Baumes oder die nur mehr in Fetzen vorhandene Schmusedecke aus Kindertagen, optional. Die seltsamsten Kombinationen können gelingen, Ihrer Fantasie sind hier keine Grenzen gesetzt. Für diese Variante gilt: Erwarten Sie nichts, hoffen Sie auf alles. Vielleicht tritt es ein.

Zubereitung.

So das Meisterwerk also auf den Weg gebracht wurde, stellt sich die Frage, wie es fertiggestellt werden soll, um ihm seine volle aromatische Palette zu entlocken. Brät man es scharf an? Leitet man einen langsamen Gärprozess ein? Es gibt viele Möglichkeiten, nur eines gilt sicher: Haben Sie Geduld.

Eine traditionelle Zubereitungsmethode ist nach kurzer Konjunktur schon vor sehr langer Zeit wieder aus der Mode gekommen; der Vollständigkeit halber soll sie hier trotzdem erwähnt werden. Ich kann allerdings mit der Sicherheit der Nachgeborenen feststellen: Schießen Sie nicht in den Teig. Egal womit. Es lohnt sich nicht.

Als nicht zielführend hat sich überdies die Variante erwiesen, mit einem gut eingefahrenen Autoreifen mehrfach über das Teigerzeugnis zu rollen, und zwar sowohl von oben nach unten als auch von unten nach oben. Der Theorie nach hätte die Reibewärme den Garprozess beschleunigen sollen. In der Praxis ist diese vermeintlich innovative Methode allerdings gescheitert, denn wie zu erwarten war das Land am Ende ganz zerfahren.

Jahrhundertelang hat man das Land auf sehr kleiner Flamme gekocht, was überraschend gut funktionierte, wenn auch diese Methode heute aus gutem Grund etwas antiquiert anmutet. Für Liebhaber alter Sitten lohnt sich ein Aufwärmen des Alten aber allemal, rein der Sentimentalität wegen. Nehmen Sie also ein Teelicht – es muss unbedingt von einem katholischen Priester gesegnet sein – oder, wenn Sie eines solchen nicht habhaftig werden können, entwenden Sie eine Kerze aus der Kirche (strenggenommen wäre an dieser Stelle eine erneute Segnung notwendig, aber wir wollen mal nicht so sein). Hieven Sie ihr Backblech auf ein erhöhtes Ofengitter und platzieren Sie die Kerze mittig darunter. Je mehr Kerzen sie auftreiben können, desto durchdringender die göttliche Wärme, die das Land erfüllt. Sie werden staunen, wie vollkommen weich das Ergebnis wird. Man sagt allerdings, dass das Erzeugnis in dieser Variante immer einen leichten Beigeschmack von Weihrauch hat. Wie dem auch sei: Man muss es mögen.

Die sicherste und modernste Variante ist allerdings, einfach zu warten. Sie können dabei auch gar nichts falsch machen. Stellen Sie sich vor das Blech und besprechen Sie es. Legen Sie ihm die akuten Problemstellungen der Gegenwart dar, aber hüten Sie sich davor, eine Lösung für die erläuterten Probleme zu präsentieren oder gar zu handeln – dann wäre es viel zu schnell gar. Besprechen Sie es möglichst langwierig, lassen Sie nichts aus, erläutern Sie die besonders wichtigen Dinge, womöglich in nahezu identem Wortlaut, gleich mehrmals, um nachdrücklich sicher zu gehen. Eine beliebte Möglichkeit ist darüber hinaus, sich zu diesem Behufe Verstärkung zu holen. Schließlich ist es eine altbekannte Sitte, sich an langen Winterabenden mit Freunden ähnlicher politischer Gesinnung um das gute Stück zu versammeln und tüchtig zu lamentieren. Die Diskussion indiskutabler Zustände bietet immer willkommenen Anlass für muntere Stunden der Geselligkeit, und ich rate Ihnen: Nutzen Sie sie. So schnell können Sie gar nicht schauen und das Land ist komplett fertig – von Ihren Reden allein.

Tischkultur.

Die Frage ist nun – wie genießen Sie das gute Stück? Dafür gibt es kein Rezept. Hauen Sie rein. Graben Sie mit bloßen Händen nach den größten Schätzen. Zerlegen Sie es schnittig und mit bildungsbürgerlichem Schliff. Betrachten Sie ihr Meisterwerk voll Liebe, sägen Sie zärtliche Stücke ab und führen Sie sie mit dem alten Familiensilber zum Mund. Wenn Sie einmal auf etwas Bitteres beißen, lassen Sie sich nicht beirren. Irgendwo in diesem Klumpen lauert ein betörend süßes Stück, ich kann es Ihnen versprechen. Wenn Sie meinen, diese ganze Mischkulanz ist doch noch nicht ganz gar, dann haben Sie wahrscheinlich Recht. Genießen Sie's trotzdem. Würdigen Sie die außergewöhnliche Form, den atemberaubenden Inhalt. Bereichern Sie Ihre Sinne. Und behalten Sie alles bei sich.

Theodora Bauer, geboren 1990 in Wien, aufgewachsen im Burgenland. Magistra der Philosophie. Zahlreiche Lesereisen und Schreibaufenthalte, die sie u.a. in die USA, nach Frankreich, Italien und in die Türkei führten. Wurde für ihre Romane – zuletzt „Chikago" (2017) – und Theaterstücke mehrfach ausgezeichnet. Moderiert eine Literatursendung im österreichischen Fernsehen.